JN124448

情報資源組織論

竹之内 禎・山口 洋・西田洋平 編著

東海大学出版部

Organization of Information Resources

Tadashi TAKENOUCHI, Hiroshi YAMAGUCHI and Yohei NISHIDA
Tokai University Press, 2020
Printed in Japan
ISBN978-4-486-02188-9

口絵1　カラーバーコードつきのバーコード（実物の約3倍，表表紙に貼付）
（町田市立図書館）

口絵2　カラーバーコードを貼った図書（背表紙に貼付）
（町田市立図書館）

口絵3　スマートフォンを使った蔵書点検
（町田市立図書館）

	文学 （青）		児童 （緑）		児童図書研究 （黄緑）
	一般 （グレー）		障がい者サービ ス資料 （茶色）		地域資料 （赤）
	ヤングアダルト （オレンジ）		レファレンス （赤）	B913.6 ア	例 上段：別置記号 　　　＋分類記号 下段：著者記号

口絵4　請求記号枠の色一覧と請求記号の記載例
（町田市立図書館）

はじめに

　本書は，司書課程の文部科学省令科目「情報資源組織論」のためのテキストである．図書館の情報資源を効率的に整理するための技術と仕組みについて，重要語句の意味を平易に解説することを目的としている．従来のテキストでは，歴史や周辺事情も多数記述されており，図と地の関係が見極めにくかった．そこで本書では，憶えるべき要点を厳選し，実務に必要な内容の確実な理解を助けることを主眼にした．

　各章は冒頭にキーワード（重要語句）を掲載し，短く説明を行ったのち，重要事項について本文で詳しく解説するスタイルとした．各章のキーワード説明は，その章を理解する上で必要な事柄だけに限定しているため，辞書的に正確な定義ではない．その代わりに，キーワードは書籍全体として重複採用も行っており，他章にも記載がある場合はそちらへの参照を付加している．

　本文では，図表を用いた分かりやすい解説となるよう心がけた．最新の動向に目を配り，特に目録法については『日本目録規則2018年版』が刊行されたため，旧版と新版の両方について解説した．また地域資料や絵本，視聴覚資料などの組織化について具体例を示し，理解を深めるための素材を提供している．また，固い内容に少しでも親しみをもてるように，平塚市図書館のマスコットキャラクター「ぶくまる」に登場してもらった．

　本書が，司書をめざす人と，現場でスキルアップを図ろうとする人たちの一助となれば幸いである．

2020年2月

編者一同

平塚市図書館のマスコットキャラクター「ぶくまる」は，平塚市北図書館館長（2018 年 2 月当時）の丸島隆雄さんによってデザインされた．

LINE スタンプは中央図書館職員の沼田実奈子さんが新たにデザインしたもので，売り上げの一部は平塚市図書館の図書購入費に充てられている．

本書への掲載は，特別に許可をいただいたものである．

平塚市図書館キャラ「ぶくまる」（LINE STORE）
https://store.line.me/stickershop/product/4040283/ja（2020 年 2 月 1 日参照）

目次

第 1 章
情報資源組織化の目的

本章では情報資源の組織化についてその広がりと現状を概観し，業務として
の目的と学習の上での目標を考える．

情報資源　information resources
　図書館の扱う情報の記録媒体．今日の図書館では図書以外にも Web の
　情報など様々な形態の情報を扱うようになったことからこの名称を使う．

組織化　organization　⇒ p.46（書誌）; p.12（主題）
　情報資源を整理して利用しやすくすること．具体的には，内容（主題）
　を分類・件名で表し，書誌情報を目録に記録して，管理と検索をしやす
　くすること．

目録　catalog　⇒ p.46, 60
　図書館の所蔵する情報資源を検索するツール．書誌情報と所在情報から
　なる．

書誌情報　bibliographic information　⇒ p.46（書誌）
　情報資源のタイトルや著者名，出版地，出版者，出版年など，その情報
　資源を他の情報資源と区別するための情報．書誌的事項ともいう．

OPAC　Online Public Access Catalog　⇒ p.130
　オンライン利用者閲覧目録．コンピュータ目録の情報を利用者向けに検
　索できるようにした仕組み．オパックまたはオーパックと呼ぶ．

MARC　Machine Readable Catalog　⇒ p.94, 130
　機械可読目録．異なるシステム間で書誌情報を受け渡せるよう，定めら
　れたデータ形式で作成された書誌データセットをいう．

コピー・カタロギング　copy cataloguing　⇒ p.94
　他機関が作成した書誌情報をコピーして目録を作成すること．

オリジナル・カタロギング　original cataloguing　⇒ p.94
　目録作成業務において書誌情報を全て自館で作成することをいう．

Web OPAC　⇒ p.130
　OPAC を Web 上で利用できるようにしたもの．

図書館システム　library system　⇒ p.130
　ここでは図書館業務やサービスを行うシステムをいう．

統合図書館システム　integrated library system　⇒ p.130

図書館業務全体に対応した図書館システム.

分類法　classification　⇒ p.12(主題)；p.12, 22(分類記号)；p.22(分類規程)

情報資源をその主題で区分し記号で表す方法. また, そのための規則.

件名法　subject heading　⇒ p.12(主題)；p.12, 34(件名標目)；p.34(件名)

言葉によって主題検索する仕組みを作るために, 個々の情報資源の主題に対応する統制語を選定し, 付与する方法.

パブリックサービス　public service

図書館サービスの中で, 利用者に直接かかわるサービスのこと. 直接サービスともいう.

テクニカルサービス　technical service

図書館サービスの中で, 利用者に間接的にかかわるサービスのこと. 間接サービスともいい, パブリックサービスを支える.

1.1　情報資源組織化の目的

図書館サービスの目的は, 利用者の求める情報を草の根を分けても見つけ出し, 的確に素早く手渡すことにある. 図書館サービスのあり方を端的に示した, ランガナータンの「図書館学の五法則（The Five Laws of Library Science）[1]」では, 第4法則に「利用者の時間を節約せよ.（Save the time of the reader.）」とある. すなわち, **読みたい本, 知りたい情報をその時に手渡すことの大切さ**を指摘している.

読書には旬があるといえる. 今話題になっているから読みたいとか, 人から薦められたのですぐに手に取ってみたいとか, 今問題を抱えていてそれを解決するために本を探したい, というように利用者が最も必要としているときに必要としているその本を手渡すことに意味がある. もし, そのタイミングが遅れるようなことがあれば, 利用者の読書意欲は半減してしまうだろう. 図書館が

---

[1] 1st Law: Books are for use.（本は読まれるためにある）, 2nd Law: Every person his or her book.（どの人にもその人の本を）, 3rd Law: Every book its reader.（どの本にも読者を）, 4th Law: Save the time of the reader.（利用者の時間を節約せよ）, 5th Law: Library is a growing organism.（図書館は成長する有機体である）

利用者の役に立つ図書館であるためには，求める本，求める情報を求める時に的確に渡すことが不可欠である．また，その状況が常に保たれていると，人は読書を続けられる．こうして図書館は利用者の情報ニーズに応えるだけではなく，その読書習慣を育成し，支えているのである．

その目的を達成するためには，膨大な蔵書の中から必要な情報を探すための「目録」が不可欠である．またその資料を書架上で整理するためには，主題による配架を可能にする「分類記号」の付与が必要である．個人の蔵書ならば，書架を一覧して求める資料にたどり着けるかもしれないが，図書館の場合は，館種に関わらず書架を直接総覧して資料を探すのは時間がかかる上に，あるべき資料を見落とす可能性もある．そこで正確な目録と分類が必要になるのである．さらに書名がその資料の内容を正確にキーワードで表現しているとは限らない．そこで主題をキーワードで検索するための「件名標目」が目録には付与されるのである．

1.2　目録のコンピュータ化

現代の図書館においては，図書館の業務の様々なところでコンピュータが活用されている．特に，資料を登録し目録を編纂する業務や，利用者に公開される閲覧目録はいち早くコンピュータ化された．その結果，人的，財政的な業務の効率化が図られるとともに，オンライン利用者閲覧目録（**OPAC**）の登場によって，目録検索は容易になった．さらに **Web OPAC** が登場すると，利用者はいつでもどこからでもインターネット環境にアクセスできれば，図書館のもつ情報資源を検索できるようになり，図書館外から簡単に資料の予約を申し込むこともできるようになった．このように図書館のさまざまな業務をコンピュータで処理する仕組みを**統合図書館システム**といい，蔵書管理システム，予算管理システム，統計処理システム，目録システム，貸出返却システム，発注・受入システムなどの主要サブシステムによって構築されている．

また Web OPAC を横断検索する仕組みも登場した．たとえば，都道府県立図書館のウェブサイトには，その県内の公共図書館の蔵書を横断検索して，求める本が県内のどこの図書館にあるかを瞬時に知ることさえできる（詳細は第12章）．

1.3 図書館サービスを支える情報資源の組織化

情報資源の組織化は，図書館の行う各種サービスの前提となる．特に資料提供サービスや情報サービスにおいてその役割は重要である．館内の蔵書検索や，他図書館の収蔵資料を事前に検索し，その結果をもとに図書館間相互貸借やレフェラルサービスに展開することもある．また文献案内や読書相談，レファレンスサービスの調査においても，正確な目録があるからこそ，司書は利用者に対して適切な情報を提供できる．

このような利用者に対して直接行われるサービスを**パブリックサービス**（直接サービスともいう）というが，これを支える**テクニカルサービス**（利用者に相対しないので間接サービスともいう）の一つとして，図書館の有する情報資源を正確に記録した目録が維持・管理されていることが重要である．すなわち，正確な情報資源の組織化は，図書館が利用者に提供する各種情報サービスを支えているといえよう．

1.4 情報資源組織化業務の法的根拠

法令や政策文書に見られる情報資源組織化の根拠を見てみよう．

「図書館法」（昭和 25 年法律第 118 号）では，第 3 条第 2 項に「図書館資料の分類排列[2]を適切にし，及びその目録を整備すること．」とあり，これが公共図書館における情報資源の組織化業務の法的根拠となる．

「学校図書館法」（昭和 28 年法律第 185 号）の第 4 条 2 項にも全く同じ記述があり，学校図書館における情報資源の組織化業務の根拠となる．

「公立図書館の任務と目標」（1989 年 1 月確定公表，2004 年 3 月改訂．日本図書館協会図書館政策特別委員会）では，図書館資料の項目で「47　図書館は，住民がどのサービス・ポイントからでも，すべての所蔵資料を一元的に検索できるよう目録を整備する．目録は，常に最新の情報が提供できるよう維持されなければならない．」とあり，目録整備の方向性が示されている．

「図書館の設置及び運営上の望ましい基準」（平成 24 年 12 月 19 日文部科学省告示第 172 号）では，市町村立図書館・図書館資料の組織化の項目で「市

---

[2] 図書館法条文では「排列」と表記するが，「配列」の表記も通用している．「排」は「順番を決めて並べる」という意味がある．

町村立図書館は，利用者の利便性の向上を図るため，図書館資料の分類，配架，目録・索引の整備などによる組織化に十分配慮するとともに，書誌データの整備に努めるものとする.」とある.

このように，いずれにおいても目録と分類を中心にした組織化業務が重視されている. なお「図書館法」では第 3 条の冒頭に「第三条　図書館は，図書館奉仕のため，土地の事情及び一般公衆の希望に沿い……」とあり，資料組織においてもまずは，その図書館の利用者の要求やその設置状況などを勘案することを忘れてはいけない（詳細は第 10 章）.

1.5　目録の必要性

図書館は多種多様な資料を収蔵し，利用者に提供している. 公共図書館・大学図書館では数十万冊から 100 万冊を超える蔵書をもつ図書館もある. この膨大な資料の中から利用者の求める資料を的確に探し出すために目録が必要であり，その使い方に習熟する必要がある.

現在の図書館，とりわけ公共図書館では開架書架が一般的である. 利用者は，直接書架から目的の本を手に取って選ぶことができる. しかし，図書館の蔵書はその時に書架に並んでいる本だけではない. 貸出中や，館内閲覧中で書架上にない本もある. また同じテキストで「紙の本」以外の形態，例えば，マイクロ資料や電子書籍などの資料も存在する. このような資料は書架では発見できない. つまり書架だけを見ていては，その図書館の所蔵している情報資源を十分把握することはできない.

しかし目録を使えば，その本の所蔵の有無や，タイトルから各種媒体の情報資源にたどり着くことができる. 内容が読めればよいのであれば，急いでいる利用者にとっては，これは利便性の向上になる. 特に情報資源の広がりが著しい今日の図書館では目録の役割は重要であり，従来の目録のとり方を見直す新しい目録の考え方が提示され，目録の世界も変化しつつある（詳細は第 7 章）.

1.6　分類法の必要性

資料を書架に配架する際に，主題別に配架することにより，書架上での資料が探しやすくなるとともに，書架上で同じ主題の図書を発見することができる.

また利用者に開かれた開架書架は，利用者が書架から直接資料を手に取れることが最大の魅力であるため，利用者が探しやすいように資料を主題ごとにグループ化して配列することが不可欠である．

　そこで重要となるのが分類法である『日本十進分類法』（NDC）は，日本国内の図書館で利用することを想定しているので，日本を中心とした知識の体系を表現しており，日本の出版物を中心に組織化するのに適している．また日本においては，ほぼすべての公共図書館と，多くの大学図書館，学校図書館において日本十進分類法が用いられている．同じ分類法を用いるメリットは，その使い方を憶えれば，どこの図書館でも書架上で迷うことなく資料を探せるようになることが期待できるからである．学校図書館の目的には，学校図書館の利用を通して，生涯に亘って図書館を利用し続けられるようになることが含まれている．それゆえに，大学図書館，公共図書館も同じ分類法を用いることで利用者の図書館利用を助けているのである（詳細は第 2 章，第 3 章）．

1.7　件名法の必要性

　件名標目は資料の主題を言葉で表したもので，主題を記号で表す分類記号よりも利用者にとっては検索キーワードとして活用しやすい．一般に利用者が図書館の目録システムを利用する際，思いついたキーワードでタイトル（書名）検索をすることがある．しかし，タイトル（書名）はその図書の内容を正確に表しているとは限らない．そこで図書館の目録では，件名標目を付与することで，内容から資料を検索できるようにしている．

　特にコンピュータ目録が主流の現在においては，件名標目を利用した検索は情報資源にアクセスするための効果的な手段となる．適切な件名標目を与え，漏れのない正確な検索を実現するためには，司書の**件名法**に対する知識と運用が不可欠である（詳細は第 2 章，第 4 章）．

1.8　図書館ネットワークと書誌情報の流通

　図書館が収蔵する資料のみで，利用者のあらゆる情報要求に応じることは不可能である．そこで他の図書館とあらかじめ協力関係を作って，必要に応じて資料を提供してもらったり，コピーを提供してもらったりする図書館間相互貸

借（ILL）というサービスがある．これを実現するためには，各図書館の蔵書目録が外部に公開されていなければならない．

　複数の図書館の所蔵情報を一つの目録で確認できるものを総合目録という．この総合目録は，かつて冊子体であったが，現在ではインターネット環境を利用して，各図書館の所蔵情報を一覧できるサービスが実現した．日本では，国立国会図書館の NDL サーチや国立情報学研究所の NACSIS-CAT（目録作成システム）を基盤とした CiNii Books などがある．また総合目録ではなくても，Web OPAC の登場により，各図書館の蔵書状況は世界中に公開されているといってよいだろう．これを参考に利用者が他図書館の利用紹介を受けることも可能である．

　図書館の収集する情報資源の大部分は図書などの印刷物である．印刷物は大量に作成された複製物である．よって，どこかの機関が正確な書誌情報を作成すれば，各図書館はその情報をコピーすればよいことになる．この考え方は最初に米国議会図書館で作成した目録カードの配布として始まり，日本でもしばらくの間，国立国会図書館が作成した目録カードの配布が行われてきた時期がある．その後，コンピュータ目録が登場すると，MARC データとしてデータフォーマットが公開され，標準的な書誌情報が作成されて，それを各図書館が複写して流用するコピー・カタロギングが行われるようになった．これは，図書館における目録作成の経費削減と業務の効率化に貢献し，多くの図書館に広まっている．さらに図書館の作成する書誌情報データを，ネットワークを通じて個人がダウンロードして利活用することも可能になった．このような書誌情報の活用は，書誌情報をコンピュータで処理する技術の開発と，そのデータをあらゆるところで活用できるようにする記述方法の標準化の進展によって可能となったものである（詳細は第 9 章）．

1.9　情報資源の組織化を学ぶにあたって

　今日の図書館業務の現場では，コピー・カタロギングが中心となり，**オリジナル・カタロギング**を行う機会は極めて少なくなった．ともすると資料組織の知識は不要と考える向きもあるようであるが，それは全く違う．**目録をとることができるということは，目録が読めるということである**．目録が読めるとは，目録に記された事項から情報源を推知して，それを適切に選ぶことができる能

力なのである．そうすると，先に述べたように，組織化の業務はテクニカルサービスであると同時に，目録を読み，分類体系を理解する力は，利用者にたいして直接行われるパブリックサービスにも役立つといえる．読書相談を受けたり，レファレンスサービスで質問を受けて調査したり，いろいろな業務の中で，司書は目録を読むのである．

　情報資源の組織化は実務であり，実学でもある．実際に目録作成や分類付与，件名付与を体験した人とそうでない人では，内容に対する理解にはかなりの差が生じるであろう．特に，図書館業務を経験したことのない学習者にとっては，戸惑うこともあるだろう．しかし，利用者としてはすべての人がいずれかの図書館の利用者なのである．まずは利用者として図書館に足を運び，利用するところから学習も始まるといってよいだろう．実務に携わる機会のない人ほど，利用者の目線で図書館を観察し，その提供する目録情報や分類・件名を使うことができるのである．

　Web OPAC もかなり進化し，ディスカバリーサービスも提供されている（詳細は第 12 章）．このような各種図書館サービスを利用者として使いこなし，その足りないところに気付けるようになれば，専門職への第一歩といえる．さらに，図書館の目的を理解し，そのために目録は何ができるのか，分類や件名はどのように役立つのかを自ら考えられるようになれば，司書としての学習が面白くなってくるであろう．まずは，学んだことを最寄りの図書館で試してみよう．その経験が，あとに続く演習科目（目録作成，分類・件名付与）への興味と導入になる．

第 2 章

主題による組織化

現代の図書館の書架は，主題（内容，テーマ）を表す分類記号によって組織化されている．同様に，個々の目録データには，件名標目と呼ばれる主題を表す言葉が付与されている．本章では，情報資源を主題によって組織化することの意義と，主題による組織化を支える基本的な仕組みについて解説する．

主題　subject
　その情報資源で主として論じられている内容，テーマ．情報資源の題目（タイトル）に表現されていることも多いが，必ずしもそれと一致するとは限らない．

主題分析　subject analysis
　個々の情報資源の主題を明らかにすること．主題分析の結果として，分類記号や件名標目が付与される．

分類記号　class number；class mark　⇒ p.22；p.3（分類法）
　主題分析の結果として情報資源に付与される，主題を表す記号．

件名標目　subject heading　⇒ p.34；p.34（件名）；p.3（件名法）
　主題分析の結果として情報資源に付与される，主題を表す言葉（統制語）．

統制語　controlled vocabulary
　使用の可・不可やその意味範囲が統制（コントロール）された言葉．件名標目は統制語の一種である．

自然語　common words
　人間が自然の状態で使用している言葉．統制語の対義語．統制されず，自由に使用されることから，自由語ともいう．

事前結合索引法　pre-coordinate indexing
　個別の検索要求が生じる前に，複数の概念を一つの索引語として組み合わせておく索引法．分類記号や件名標目は，主題に含まれる複数の概念を一つに結合したものであり，事前結合索引法に相当する．

事後結合索引法　post-coordinate indexing
　個別の検索要求が生じた後で，ANDやORといった論理演算子などにより，複数の索引語（検索語）を組み合わせることを前提とした索引法．Googleなどのサーチエンジンによる検索は，事後結合索引法に相当す

る.

引用順序　citation order

　　事前結合索引法における，複数の概念の組み合わせ順序．決められた優
　　先順で正しく組み合わせておくことで，主題による正確な検索を提供で
　　きる．列挙順序ともいう.

書架分類　shelf classification　⇒ p.106（請求記号）; p.106（配架）

　　情報資源を書架（本棚）のどこに置くかを決めるために行われる分類.

書誌分類　bibliographical classification　⇒ p.46（書誌）; p.2, 46（目録）

　　情報資源を書誌ないし目録上で整理しておくために行われる分類.

形式　form

　　情報資源における主題の論じられ方，あるいは，情報資源の編集や出版
　　のされ方．前者を内形式，後者を外形式として区別することもある.

2.1　主題とは何か

　物質としての本は，インクの染みがついた紙束にすぎない．本は，パンや眼
鏡，机などとは違って，物質としてのそれに本質的な価値があるのではない．
本にとって重要なのは，そこに著されている内容である[1].

　つまり情報資源は必ず内容をもっている．言い換えれば，どんな情報資源も
「何か」について書かれている（表現されている）．その「何か」を簡潔に示す
ものが**主題**である.

　情報資源の主題となるものには，なんの制限もない．事物，現象，概念，そ
の他ありとあらゆる事柄が主題となり得る．伝記は「ある人物」についての書
であるし，ある情報資源の解説書は「その情報資源」についての書である.

2.2　主題を明らかにする方法

　主題は，情報資源の題目（タイトル）として表現されていることもあれば，

---

[1]　考えてみれば不思議なことだが，これは情報にまつわる事象一般の特徴である．世界を構
　　成する要素として，物質，エネルギーに次いで情報が挙げられる所以である.

直接表現されていないこともある．例えば，『情報時代の見えないヒーロー：ノーバート・ウィーナー伝』と『神童から俗人へ』は，どちらもノーバート・ウィーナーという人物の伝記であり，主題は「ノーバート・ウィーナー」である．

主題とはあくまで内容であり，タイトルではない．そこで必要となってくるのが，主題を明らかにする作業，つまり**主題分析**である．

厳密に主題を把握するには，その情報資源をすべて読まなければならない．しかし，たとえ小規模な図書館であっても，その所蔵資源すべてを読破するのは現実的ではない．そこで，タイトルや目次，著者の専門分野などを参考に，なるべく通読せずに済ませるのが一般的である．

最も簡便な主題分析法は，要約化である．例えば，ベストセラーになった『嫌われる勇気』という本は何についての本だろうか．一言でいえば，「アドラー心理学」についての本である．このように「～についての」という形で簡単に主題を表現する方法が要約化である．

より詳細な主題分析法としては，ファセット分析が知られている．ファセットとは，宝石の切断面のことである．宝石は，カットしていくとその切り口に特定の色や輝きが現れる．同様のイメージで，主題を何らかの切り口（ファセット）で分析し，そこに現れる特定の様相（これをフォーカスという）を見いだしていく方法がファセット分析である．

例えば，『大学の起源』という本は，扱われている事象というファセットでは「大学」というフォーカスが，場所というファセットでは「ヨーロッパ」というフォーカスが，時間というファセットでは「中世」というフォーカスが得られる（図 2-1）．

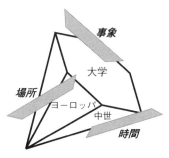

図 2-1　ファセット分析のイメージ

とはいえ，主題分析の実際の方法は，後述する『日本十進分類法』（第3章）や『基本件名標目表』（第4章）といった各種ツールの使用法として具体化されているといってよい．その結果として，個々の情報資源に分類記号や件名標目がつけられることになる．

2.3　分類記号と件名標目の違い

分類記号と件名標目はどちらも主題（テーマ）を表すが，両者には違いもある（表2-1）．

簡単にいえば，**分類記号**は主として「特定の主題の本をどの本棚に置くか」を決めるために用いられる．このように書架の位置決めを目的とした分類を**書架分類**と呼ぶ．

書架分類としては，順番に並べやすいということが重要である．したがって分類記号には数字やアルファベットといった記号が適している．また，1つの本を同時に複数の場所に置くことはできないから，分類記号は1つに絞る必要がある．

一方，**件名標目**は，OPACなどの目録上で，情報資源を主題で検索するために用いられる．同様に，多くのOPACでは，分類記号による検索も可能である．このように書誌ないし目録上で情報資源を整理するための分類は**書誌分類**と呼ばれるが，分類記号はあくまで記号であるため，その体系をよく知っている者でなければ検索語としては使用しにくい．そこで件名標目としては言葉が用いられる．

件名標目や書誌分類としての分類記号は，書誌ないし目録という非物理的な空間内に付与されるものであるから，複数与えることができる．

表2-1　分類記号と件名標目の比較

	主な目的	表現形態	付与数
分類記号	書架の位置決め	記号	原則1つ
件名標目	主題による検索	言葉	必要なだけ

2.4　言葉による主題検索を可能にする仕組み

　件名標目は言葉であり，分類記号よりも直感的に分かりやすい主題検索を可能にする．しかし，人間が自然の状態で使用する言葉，すなわち**自然語**には，同義語や類義語があるのが普通である．例えば「本」という言葉には，「図書」「書籍」「書物」など，ほぼ同じ意味の言葉が多数存在する．さらに「ほん」や「圖書」のように表記の違いもある．このそれぞれを主題を表す言葉，つまり件名標目としてそのまま採用してしまうと，「本」という検索語でみつかる情報資源と，「図書」という検索語でみつかる情報資源が，それぞれまったく別物として存在することになってしまう[2]．

　そこで件名標目としては，使ってよい言葉と使ってはいけない言葉が厳密に定められる．例えば，「図書」のみを代表として採用し，「本」や「書籍」といった語の使用を禁ずるのである（図2-2）．さらに，語の意味範囲も限定される場合がある．例えば「哲学」という語は「西洋哲学」の意味で使用し，「東洋哲学」は含まない，といったようにである．このように使用法が統制（コン

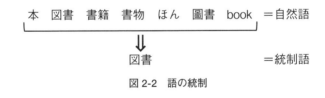

図2-2　語の統制

図2-3　主題が「西洋哲学」の情報資源を検索したい場合の例

---

[2] タイトル検索のデメリットはまさにこの点にある．タイトルは著者ないし出版者が自由につける言葉（自然語）だから，『本の歴史』というタイトルの本も『図書の歴史』というタイトルの本も存在し得る．そのタイトルの本を探すのであれば問題ないが，その主題の本を探すのであれば，タイトル検索ではタイトルとしてたまたま採用されている方の言葉でなければ見つけ出すことができない．

トロール）されている言葉を**統制語**と呼ぶ[3].

　言葉による確実な主題検索は，統制語を用いることで可能となっている．OPACなどで実際に検索する際は，タイトル検索ではなく件名検索を選択し，件名標目として採用されている正しい語を入力しなければならない（図2-3）.

2.5　事前結合索引法の効用

　次に，複数の概念が組み合わされた主題について考えてみよう．

　Googleなどのサーチエンジンで検索する際に，複数のキーワードを空白で区切って入力することはよくあるだろう．これは通常，それらのキーワードがすべて含まれるデータを求める検索，つまりAND検索になっている．あまり知られていないが，多くのサーチエンジンではOR検索やNOT検索も可能である．このように，検索者が論理演算子などによって自分で複数のキーワードを組み合わせることを前提とした索引法[4]（検索法）を，**事後結合索引法**と呼ぶ．事後という言葉は，個々の情報要求が生じた後で（つまり索引者ではなく検索者が）組み合わせるということを意味している[5].

　それに対して件名標目や分類記号は，**事前結合索引法**に相当する．分類記号や件名標目は，情報資源の主題に含まれる複数の概念を，あらかじめ1つに結合したものとして与えられるものだからである．事前という言葉は，個々の情報要求が生じる前に（つまり検索者ではなく索引者が）組み合わせておくということを意味している[6].

　事前結合索引法では，複数の概念の組み合わせ順序（**引用順序**または列挙順序という）が厳密に定められている．例えば，「日本の歴史に関する辞典」は「日本」「歴史」「辞典」という3つの概念の組み合わせだが，一般的な引用順序では，これは「日本 - 歴史 - 辞典」という形に組み合わせられる．もしこれを「辞典 - 日本 - 歴史」という順序で組み合わせたら，「日本における辞典の歴史」という全く異なる意味になってしまう（表2-2）.

---

[3] その統制関係を定めるのが，件名標目表やシソーラスである（第4章参照）.
[4] 索引とは，ある項目に関するデータの所在を案内するツール（ここではサーチエンジン）であり，索引法とは，そうしたツールの作成法である．検索システムとしてそれを利用する側からすれば，それは検索法を規定するものとして見える．
[5] データベースにデータを登録する時点から見て，以後と考えてもよい.
[6] 同様に，データベースにデータを登録する時点から見て，以前と考えてもよい.

表 2-2　一般的な引用順序とその意味（主題）の例

引用順序	意味（主題）	情報資源の例
日本－歴史－辞典	日本の歴史に関する辞典	『岩波日本史辞典』『國史大辞典』『まんが日本史事典』
辞典－日本－歴史	日本における辞典の歴史	『日本の辞書の歩み』『図説近代日本の辞書』『事典の語る日本の歴史』

　引用順序は，タイトルや主題を表す言葉の出現順ではなく，あくまで主題そのものの意味によって決定される．一見，複雑で難しそうだが，事前結合索引法は精度の高い検索ができるというメリットがある．逆にいえば，事後結合索引法では不要なデータ（ノイズ）も案内される可能性が高い．例えば Google で「日本における辞典の歴史」を検索する際に「日本　歴史　辞典」と入力すると，「日本の歴史に関する辞典」も同時に案内されてしまうだろう．これは「辞典　日本　歴史」の順でも同じである[7]．

　事前結合索引法における実際の引用順序はツールによって異なり，そのツールの使用法として具体化されている．とはいえ，多くの場合で共通するのは「事象－場所－時間－形式」という優先順である[8]．『日本十進分類法』もその使用法に即して分類記号を付与すれば，自ずとこの優先順になっていることが多い[9]．

2.6　知の分類と情報資源の分類の違い

　すでに述べたように，情報資源の主題となり得るのは，ありとあらゆる事柄である．主題で情報資源を分類するということは，人間の知のすべてを把握し，それを分類するということに他ならない．これは極めて哲学的な企てである．実際，近代の図書分類は，フランシス・ベーコンという哲学者の思想に大きな影響を受けて始まったという経緯がある．

---

[7]　厳密には，Google では最初のキーワードが一番重視されるようである．しかし，事前結合索引法のように順序によって厳密な意味の違いがあるわけではない．

[8]　「日本－歴史－辞典」と「辞典－日本－歴史」の意味を，この一般的な優先順に照らし合わせて考えてみて欲しい．形式については 2.6 節を参照のこと．

[9]　例えば「19 世紀のドイツ哲学に関する辞典」を意味する分類記号「134.6033」は，左から順に，「1」は「哲学」を，「34」は「ドイツ」を，「6」は「19 世紀」を，「033」は「辞典」を表している．

このように情報資源の分類は哲学的な知の分類と近い関係にあるが，一方で，知の分類にはない特徴もある．それが**形式**である．情報資源は抽象的な知とは異なり，具体的に著されたものである．だから同じ知（主題）でも，その著され方が異なるということがあり得るのである．

　例えば，「理論的に論じられている」，「歴史的に論じられている」，といった叙述の形式や，「辞典として編集されている」，「逐次刊行物として出版されている」，といった編集や出版の形式である．前者は内容により近い「内形式」，後者は内容とは直接関わらない「外形式」として区別する場合もある．他に，文学の形式として，詩，小説，戯曲などといった表現の形式を考えることもできる．情報資源の組織化では，主題だけでなく，このような形式も考慮される．

　もう1つ，情報資源の分類の特徴として，「1つの情報資源が1つの主題だけをもつとは限らない」ということがある．これは特に書架分類では問題になる．ある本が，政治学と経済学の両方を扱っている場合，どちらの書架に置くべきかという問題が生じるからである．多くの書架分類法では，このような場合に主題を1つに決めるためのルールも用意されている．

第3章

分類法

分類法とは，図書館が所蔵する情報資源を探しやすくする仕組みの一つである．数字やアルファベットを使ってジャンルごとに分けて配架することにより，所在（配架場所）を分かりやすくする．

分類記号　class number；class mark　⇒ p.12；p.12（主題）；p.3（分類法）
分類法に従って分類表から選ばれ，分類対象に与えられる主題を表す記号．本の場合は，背表紙にシールが貼られることが多い．数字の場合は「分類番号」といわれることもある．

分類規程　classification code
情報資源の分類に一貫性をもたせるための指針を文章によって定めたもの．例えば，複数の対象を扱ったもの，原著とその関連著作など複雑な主題をもつ情報資源を分類するための取り決めがふくまれる．

図書記号　book number　⇒ p.106；p.106（著者記号）
同じ分類記号（同じテーマ）の情報資源を個別化するために付与される記号．著者記号，シリーズ巻号などを表す記号がある．

請求記号　call number　⇒ p.106
図書館における情報資源の配架場所を表す記号．分類記号と図書記号をあわせて請求記号となる（請求記号＝分類記号＋図書記号）．

列挙型分類法　enumerative classification
あらかじめ示されている分類記号の一覧の中から，主題に該当する分類記号を選んで分類する方法．実際にはすべての主題を列挙することは不可能なので，補助表などを併用した記号合成によって分類記号を完成させる．

分析合成型分類法　analytico-synthetic classification
分類対象の主題を構成する要素を分析し，該当する要素の組み合わせによって分類記号を作成する方法．

十進分類法　decimal classification
0〜9までのアラビア数字を主題に対応させた分類法．1〜9の記号を用いて主題を分類し，どの区分にもおさまらない総合的な内容（＝総記）を「0」としている．0〜9に分類することを繰り返して細分化する．

日本十進分類法　Nippon Decimal Classification

日本図書館協会により刊行される日本の標準的な分類法．2020 年 2 月
現在，最新版は，新訂 10 版（2014 年）．

3.1　分類法の種類

　図書館は，膨大な情報資源の中から目的に適う情報資源を素早く探し出すた
め，主題（テーマ）に対応する**分類記号**をそれぞれの情報資源に与えることに
よって，アクセスの手がかりとする．これが図書館における分類作業である．
そのためのルールとなる代表的な分類法を以下に挙げる．

（1）デューイ十進分類法（DDC：Dewey Decimal Classification）

　アメリカのメルヴィル・デューイ（Melvil Dewey）が創案した初の**十進分類
法**．英語圏を中心に世界中で広く使われている．1876 年初版，2011 年第 23 版．
オンライン版の Web Dewey[1]が有償で提供されている．

（2）国際十進分類法（UDC：Universal Decimal Classification）

　ベルギーのポール・オトレとアンリ・ラ＝フォンテーヌが創案した十進分類
法．1905 年初版．以後，数か国語に翻訳・展開され，現在は UDC Consortium
が管理している．日本語版の抜粋表がオンラインで公開されている[2]．

（3）日本十進分類法（NDC：Nippon Decimal Classification）

　日本の多くの図書館で使われている分類法で，DDC の十進法の記号法を使
用し，主題区分はカッターの展開分類法にならっている．1929 年初版，森清
（もり・きよし）原編．現在は日本図書館協会が管理し，2020 年 2 月現在，最
新版は新訂 10 版（2014）．

（4）展開分類法（EC：Expansive Classification）

　チャールズ・エイミー・カッターが考案した分類法．アルファベットの本
表と，段階的に展開される数字の表からなる．現在では使用されていないが，

---

[1]　http://dewey.org/webdewey/login/login.html（2020 年 2 月 1 日参照）
[2]　http://www.udcsummary.info/php/index.php?lang=ja（2020 年 2 月 1 日参照）

NDC，LCC の配列に影響を与えた．

(5) コロン分類法（CC：Colon Classification）

インドの数学者・図書館学者のランガナータンが考案した**分析合成型分類法**．主題区分と 5 要素 PMEST（パーソナリティー，マター，エネルギー，空間，時間）を組み合わせて主題を表す．初版で「：」（コロン）の記号のみを合成に用いたことが名称の由来である．

(6) 国立国会図書館分類表（NDLC：National Diet Library Classification）

日本の国立国会図書館（NDL）のための一館分類表．アルファベット文字と数字を組み合わせた混合型非十進法である．

(7) 米国議会図書館分類表　LCC（Library of Congress Classification）

米国議会図書館（LC）のための一館分類表．アメリカ議会図書館分類表とも訳される．米国では DDC とともに多く使用されている．大文字のアルファベット 1 文字または 2 文字＋数字で分類する[3]．

(8) 日本看護協会看護学図書分類（N 分類： JNA Classification for Nursing Library）

日本看護協会が医療・看護学系の専門図書館などで利用できるように作成した分類表．1995 年初版，2006 年改訂第 2 版．

3.2　日本十進分類法（NDC）

(1) NDC の概要

日本の多くの図書館では，情報資源の分類法として NDC（Nippon Decimal Classification）を採用している．

NDC は，間宮商店の森清（もり・きよし）により 1929 年（昭和 4 年）に初版が刊行され，1942 年（昭和 17 年）第 5 版までは森の個人編著として間宮商店から刊行された．1948 年（昭和 23 年）からは，日本図書館協会分類委員会が編集・刊行し，以後「新訂〇版」と呼ばれている．2020 年 2 月現在，新訂

---

[3] http://www.loc.gov/catdir/cpso/lcco/（2020 年 2 月 1 日参照）

10 版が最新版である.

　NDC は 0〜9 の数字のみを使用するデューイ十進分類法（DDC）の記号法を採用し，主題区分の配列はカッターの展開分類法（EC）を参考にしている.

(2) NDC 本表の構成

　NDC は「本表・補助表編」,「相関索引・使用法編」の 2 分冊からなる.

　第 1 分冊の「本表・補助表編」には，冒頭の序説，各類概説に続き,「本表」と「補助表」が収められている.

　「本表」には情報資源の主題（主なテーマ）に対応する分類項目と分類記号が列挙されている.

　本表には大きく四種類あり，最も大まかな 10 区分（第一次区分表），10 × 10 = 100 区分（第二次区分表），10 × 10 × 10 = 1000 区分（第三次区分表），そして，最も詳しい「細目表」がある. 表 3-1 に例示する.

　通常，分類記号は 3 桁以上を与える. 3 桁を超えた場合は，3 桁目と 4 桁目

表 3-1　NDC 本表の「区分表」「細目表」と分類項目の例示

名称	分類の細かさ	例
第一次区分表 （類目表）	10 区分（1 桁）	0 総記　1 哲学　2 歴史　3 社会科学　4 自然科学 5 技術　6 産業　7 芸術　8 言語　9 文学
第二次区分表 （綱目表）	100 区分（2 桁）	00 総記　　　　01 図書館　02 図書　　… 20 歴史　　　　21 日本史　22 中国史　… 40 自然科学　　41 数学　　42 物理学　… 70 芸術　　　　71 彫刻　　72 絵画　　… 80 言語　　　　81 日本語　82 中国語　…
第三次区分表 （要目表）	1,000 区分（3 桁）	007 情報学　010 図書館　　023 出版 209 世界史　213 関東地方の歴史 402 科学史　414 幾何学　　421 理論物理学 702 芸術史　713 木彫　　　721 日本画 801 言語学　813 日本語の辞典
細　目　表	最も詳細な分類 （3 桁以上）	007.3 情報と社会　　023.8 出版倫理 209.36 エーゲ文明　213.5 千葉県の歴史 414.2 球面幾何学　　421.2 相対性理論 702.09 宗教美術　　721.3 水墨画 801.09 比較言語学　813.7 新語辞典. 流行語辞典

の間にピリオドを置く．ピリオドは見かけ上の区切りにすぎず，意味の区切りではない．分類記号を構成する数字は，一つひとつが主題に対応づけられた意味をもった記号であり，順序を表す番号ではないので，読み方も数字を一つひとつ分けて読む．801.09 ならば，「はっぴゃくいちてんぜろきゅう」ではなく「はち・ぜろ・いち・てん・ぜろ・きゅう」と読む．「ぜろ」は「れい」でもよい．NDC を採用している図書館では，実際の書架に，この本表の分類記号順に配架されることになる．

(3) NDC 補助表の構成

　NDC の第一分冊後半部の「補助表」には，追加で合成するための各種の「区分」を表す記号が収められている．補助表は，本表に列挙した分類記号だけでは十分に主題を表せない場合に，出版・叙述形式，言語，地理，サブジャンルで，細かく分類し探しやすくするための工夫の一つである．必要に応じてこれらの「区分」を組み合わせて，本表の分類記号に付与する．

　「区分」を掲載した「補助表」には大きく二種類あり，「一般補助表」と「固有補助表」がある．「一般補助表」は，複数の類において共通に使用される「形式区分」，「地理区分」，「海洋区分」，「言語区分」の 4 つの表を収めている．表 3-2 に例示する．

表 3-2　NDC「一般補助表」の例

名称	例
形式区分	-01 理論　-02 歴史的・地域的論述（＊地理区分）　-033 辞典・事典 -04 論文集　-07 研究法・指導法・教育　-08 叢書・全集
地理区分	-1 日本 　-11 北海道　-12 東北地方　-13 関東地方 　　-134 埼玉県　-135 千葉県　-136 東京都　-137 神奈川県 -2 アジア 　-21 朝鮮　-22 中国　-228 新疆ウイグル自治区　-229 チベット 　-231 ベトナム　-24 インドネシア　-25 インド　-272 イラン 　-273 イラク　-274 トルコ　-275 シリア　-279 イスラエル -3 ヨーロッパ 　-33 イギリス　-333 イングランド　-3333 ロンドン 　-34 ドイツ　-345 スイス　-346 オーストリア　-358 ベルギー 　-35 フランス　-36 スペイン　-37 イタリア　-38 ロシア 　-389 北ヨーロッパ　-3892 フィンランド　-3893 スウェーデン -4 アフリカ 　-42 エジプト　-451 エチオピア　-487 南アフリカ共和国 -5 北米 　-51 カナダ　-53 アメリカ合衆国 　　-5321 ニューヨーク　-5339 フロリダ　-5393 カリフォルニア -6 南米 　-62 ブラジル　-63 パラグアイ　-64 ウルグアイ　-68 ペルー -7 オセアニア・両極地方 　-71 オーストラリア　-72 ニュージーランド　-78 北極　-79 南極
海洋区分	-1 太平洋　-2 北太平洋　-3 南太平洋　-4 インド洋　-5 大西洋 -6 地中海　-7 北極海　-8 南極海
言語区分	-1 日本語　-2 中国語　-292 アイヌ語　-2976 アラビア語　-3 英語 -4 ドイツ語　-496 ノルウェー語　-497 デンマーク語 -498 スウェーデン語　-5 フランス語　-6 スペイン語　-7 イタリア語 -8 ロシア語　-91 ギリシア語　-9361 フィンランド語

　NDC の第一分冊後半部に採録されているもう一つの補助表である「固有補助表」には，特定の 1 つの類でしか使用されない 10 種類の区分表が収められている．表 3-3 に例示する．

表 3-3　NDC「固有補助表」の例

名称	例
1）神道各教派の共通細区分表	-1 教義　-2 教史，伝記　-3 教典　-4 説教集
2）仏教各教派の共通細区分表	-1 教義　-2 宗史，伝記　-3 宗典　-4 説教集
3）キリスト教各教派の共通細区分表	-1 教義　-2 教会史，伝記　-3 聖典　-4 説教集
4）日本の各地域（沖縄県を除く）の歴史における時代区分	-03 古代　-04 中世　-05 近世　-06 近代
5）各国・各地域の地理，地誌，紀行における共通細区分表	-0189 地名　-087 写真集　-09 紀行　-093 案内記
6）各種の技術・工学における経済的，経営的観点の細区分表	-09 経済的・経営的観点
7）様式別の建築における図集	-087 図集
8）写真・印刷を除く各美術の図集に関する共通細区分表	-087 美術図集
9）言語共通区分	-1 音声，文字　-2 語源　-3 辞典　-5 文法 -6 文章，作文　-7 読本　-78 会話　-8 方言
10）文学共通区分	-1 詩　-2 戯曲　-3 小説・物語　-4 評論・エッセイ -5 日記・書簡・紀行　-6 記録・手記　-8 文学形式を特定できない作品集

（4）NDC 相関索引と使用法

　NDC の第二分冊「相関索引・使用法編」には，「相関索引」と「使用法」が収められている．「相関索引」は，日本語から NDC 分類記号を見つけるための手がかりとなる索引である．「使用法」には，特に複雑な主題の分類法を取り決めた**「分類規程」**（後述）が示されている．

　以上をまとめた NDC の構成を図 3-1 に示す．

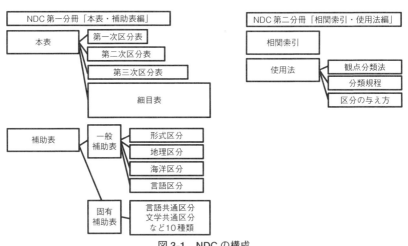

図 3-1　NDC の構成

3.3 分類作業の実際

(1) 観点分類法
　NDCは「観点分類法」の一種であり，同じ対象でも，観点によって分類先が異なる．例えば，魚の「鯛（たい）」をテーマにした本であっても「生物としてのタイの生態」などを述べたものは 487.766（魚類の「タイ類」），「釣り」ならば 787.1（釣魚（ちょうぎょ）），「漁業の対象」ならば 664.63（海産魚類の「たい類」），「魚料理」なら 596.35（魚介料理）というように，観点により分類項目も異なる．この点に注意して，本表の細目表からメインテーマに対応する適切な分類記号を探し出す．その後，必要に応じて「区分」を付与して分類記号を完成させる．

(2) 分類規程が適用される例
　NDCの分類規程では，複雑な主題をもつ資料の分類について，以下のような取り決めがなされている．
①主題と形式⇒主題を優先
　例）『スポーツ辞典』780.33 ⇒主題の「スポーツ」（780）を優先し，出版形式の「辞典」は後から形式区分 -033 を付与
②並列する複数主題
　a）3つまで⇒1つめに分類
　例）『ラテン語とギリシア語』⇒1つめの「ラテン語」（892）に分類
　　　『日本の犬猫は幸せか』⇒犬と猫の2つ⇒1つめの「犬」（645.6）に分類
　　　『トマト・メロンの自然流栽培』⇒1つめの「トマト栽培」（626.27）に分類
　　　『月とこよみの本』⇒1つめの「月」（446）に分類
　b）4つ以上⇒より広い項目に分類
　例）『野菜園芸大百科：レタス・ミツバ・シソ・パセリ』⇒4つが並列
　　　　⇒広い項目「野菜の園芸」（蔬菜園芸 626）に分類
　　　『うまい肉の科学：牛・豚・鶏・羊・猪・鹿・馬まで肉好きなら読まずにはいられない！』⇒4つ以上⇒広い項目（畜産製品・畜産物 648.2）に分類

③ A が B に影響
　a）原則⇒影響を受けた側 B に分類
　例）『芭蕉に影響した漢詩文』⇒影響を与えた側の漢詩（921）ではなく，影
　　　響を受けた側の松尾芭蕉（911.32）に分類
　b）例外として，個人 A が多数人に影響を与えた場合⇒個人 A に分類
　例）『ハイデッガーと日本の哲学』⇒個人（ハイデッガー）が多数人（日本
　　　の哲学者たち）に影響を与えたので，個人 A のハイデッガー（134.96）
　　　に分類
④ A が原因で B になる（因果関係）⇒結果である B に分類
　例）『自然災害時の労務管理』⇒原因となる自然災害ではなく，その結果と
　　　して対応が必要になる労務管理（336.4）に分類
　　　『現代リスクと保険理論』⇒原因となるリスクではなく，結果として必
　　　要になる保険（339）に分類
　　　『東日本大震災と特別支援教育』⇒原因となった東日本大震災ではなく，
　　　結果として対応が必要になった特別支援教育（378）に分類
⑤概念の上下関係（広い項目とそれに含まれる項目）
　a）原則⇒広い項目（上位概念）に分類
　例）『星と星座パーフェクトガイド』⇒恒星（443）と星座（443.8）が概念
　　　の上下関係にあるので，上位概念である恒星（443）に分類
　b）上位概念が広すぎて配架に適さない場合⇒下位概念に分類
　例）『伊勢神宮と日本文化』⇒日本の文化事情（302.1）に分類すると「伊勢
　　　神宮」の資料として見つけにくくなるので，「伊勢神宮」（175.8）に分
　　　類
⑥比較対象⇒比較の尺度の方ではなく，著者の重点のある方に分類
　例）『日本の仏教とイスラーム』⇒この本は仏教に重点が置かれているため，
　　　仏教（180）に分類
⑦理論と応用⇒応用に分類
　例）『宇宙物理学の都市空間への応用』
　　　　　⇒宇宙物理学ではなく，応用先の都市社会学（361.78）に分類
　　　『ナノメディシン：ナノテクの医療応用』
　　　　　⇒ナノテクノロジーではなく，応用先の医療（490）に分類
⑧主題と材料⇒材料（考えるための素材）ではなく主題（メインテーマ）に分

類

例）『統計・資料で見る日本地図の本』⇒統計ではなく日本の地理 291 に分類

　『昆虫の脳をつくる：君のパソコンに脳をつくってみよう』⇒パソコンを道具に，昆虫の脳の機能を表現することをテーマにしているので，昆虫 486.1 に分類

⑨主題と読者対象

a）原則⇒読者対象（想定読者層）の側に分類

例）『アスリートのための食トレ：栄養の基本と食事計画』⇒栄養学ではなく，読者対象に関連するスポーツ医学（780.19）に分類

　『音大生・音楽家のための英語でステップアップ：音楽留学で役立つ英会話 50 シーン』⇒英会話（837.8）ではなく，音楽教育（760.7）に分類

b）ただし，内容が一般的な場合⇒主題に分類

例）『中学生でもわかるアラブ史教科書：日本人のための中東世界入門』
　　⇒日本人論や中学生論ではなく，アラブ諸国の歴史（228）に分類

　『大学生のための基礎から学ぶ教養数学』⇒数学（410）に分類

　『大学 1 年生のための中国語』⇒中国語（820）に分類

⑩原著作と関連著作（翻訳，研究，解説，事典など）

a）原則⇒原著と同じところに分類

例）Le Petit Prince（原著）⇒ 20 世紀フランス文学の「物語」（953.7）

　The Little Prince（英訳版）⇒原著と同じ分類（953.7）

　『星の王子さま』（邦訳版）⇒原著と同じ分類（953.7）

　『「星の王子さま」事典』⇒原著と同じ分類（953.7）

　『不思議の国のアリス』⇒ 19 世紀英文学の「物語」（933.6）

　『150 年目の『不思議の国のアリス』：総特集』⇒原著と同じ分類（933.6）

b）例外として，単語の手引きなどのある語学学習書⇒ 8 類（言語）に分類

例）『「星の王子さま」を英語で読もう』⇒原著の 20 世紀フランス文学（953.7）ではなく語学学習書として英語の読本（837）に分類

　『「グリム童話」をドイツ語で読む』⇒原著の 19 世紀ドイツ文学（943.6）ではなく語学学習書としてドイツ語の読本（847）に分類

　『スペイン語で読むやさしいドン・キホーテ』⇒原著のスペイン文学（963）ではなく，語学学習書としてスペイン語の読本（867）に分類

c）原作をもとに翻案[4]・脚色[5]した作品⇒改作者の作品として新たに分類

例）太宰治『新ハムレット』⇒原著の英文学ではなく，太宰治の作品として新たに日本文学の小説・明治以後（913.6）に分類

絵画の翻案の例としては，葛飾北斎の浮世絵にヒントを得て，漫画『アタゴオル』の作者ますむらひろしが独自の世界観とキャラクタ設定で描いた画集などがある．

『ますむらひろし北斎画集：ATAGOAL HOKUSAI』⇒浮世絵（721.8）ではなく，漫画（726.1）に分類

ますむらひろしは，宮沢賢治原作の童話も数多く漫画化している．これらも，ますむらひろしによる翻案作品として分類する．

『グスコーブドリの伝記：猫の事務所；どんぐりと山猫』（ますむらひろし著；宮沢賢治原作）⇒宮沢賢治による近代日本文学の物語（913.6）ではなく，ますむらひろしの漫画（726.1）に分類

---

[4] 小説・戯曲などで，原作の筋や内容をもとに改作すること．
[5] 物語，小説などを原作にして演劇，映画，放送用にドラマ化すること．

第 4 章

件名法

本章では，情報資源の主題（テーマ）を表す語（ことば）から，目的にかなう情報資源の検索を可能にする件名法について解説する．

件名　subject　⇒ p.12（主題）
　主題（テーマ）を表す「語」（ことば）．

件名標目　subject heading　⇒ p.12；p.12（統制語）；p.3（件名法）
　主題を表す統制語．件名となる語が複数ある場合，代表的なものを一つ定める．これが情報資源を検索する際の手がかりとなる．

件名標目表　list of subject headings　⇒ p.2, 46（目録）；p.12（統制語）
　図書館の目録で使用される統制語のリスト．

参照語　reference
　主題を表す言葉のうち，件名標目表の中で，検索の手がかりに使用されない語．

ディスクリプタ（優先語）　descriptor　⇒ p.12（統制語）
　専門データベースで，キーワードの登録・検索に使用される統制語．

非ディスクリプタ（非優先語）　non-descriptor
　専門データベースで，主題を表しているが，検索の手がかりに使用されない語．

シソーラス　thesaurus　⇒ p.12（統制語）
　専門データベースで使用される統制語のリスト．

基本件名標目表　BSH：Basic Subject Headings
　日本図書館協会により刊行される件名標目表．最新版は，第4版（1999年）．

国立国会図書館件名標目表　NDLSH：National Diet Library Subject Headings
　国立国会図書館のための件名標目表．2010年からウェブ版（Web NDLSH）が公開されている．

米国議会図書館件名標目表　LCSH：Library of Congress Subject Headings
　元々は米国議会図書館（LC）のための件名標目表．アメリカ議会図書館件名標目表とも訳される．現在は，米国を中心に世界で広く使用され

ている．

4.1 件名法とは

情報資源の主題（テーマ）を表す語（ことば）から，目的にかなう情報資源の検索を可能にするための方法が**件名法**である．

例えば，音楽に関する情報資源を探しているとして，タイトルに「音楽」という語が含まれている図書しか検索できないならば，検索者にとって本当は有用な情報資源を見落としてしまうかもしれない．『人はともだち，音もともだち』『声のイメージ』などの図書は，タイトルのどこにも「音楽」の文字はないけれども，音楽をテーマにした図書である．このように，タイトルには含まれないけれども，内容は「音楽」をテーマにしている図書をすべて見つけ出すことができるような仕組みを作りたい．それには，図書館が情報資源のデータベースを作成する際に，一つひとつの図書にその主題（テーマ）を表す語を与えて一緒に登録しておき，検索する際には，同じ語をもつものが一括で検索されるようにする必要がある．例えば，『人はともだち』『声のイメージ』にも，「音楽」という語を検索のためのキーワードとして一緒に与えて登録しておく．そうすれば，「音楽」という語からこれらの図書を見つけ出すことができる．その際の「音楽」という語，すなわち主題を表現した語を，**件名**と呼ぶ．このように，一つひとつの資料に件名を与えて登録することで，テーマから検索できる仕組みを作る方法が件名法である．

4.2 シソーラスと件名標目表

漏れのない情報資源の検索のためには，複数の同義語の中から代表となる語をあらかじめ選定し，その代表の語を検索に用いる統制語として登録していく作業が必要となる．

このように検索を効率的に行うための統制語を集めたキーワード集には，専門データベースで用いられる**シソーラス**[1]と，図書館の蔵書目録で用いられる

---

[1] シソーラス（thesaurus）とは，もともと「ことばの宝庫」という意味である．現在では統制語の上下関係や関連を示したリストという意味で使用されている．

件名標目表がある.

(1) 代表的なシソーラス

　専門データベースで用いられる代表的なシソーラスとして，科学技術系の専門データベース「J-Dream Ⅲ」に使用されている『JST シソーラス 2008 年版』が，JST（科学技術振興機構）から提供されている（2020 年 1 月現在）.

　シソーラスでは，検索の手がかりとして使用すべき統制語のことを**ディスクリプタ**といい，同義語であるが使用しない語のことを**非ディスクリプタ**という.シソーラスの表中では，表 4-1 に示した記号が使用されている.これらの記号の使用法は後述の「基本件名標目表」にも共通点が多い.

表 4-1　シソーラス中で使用される主な記号

記号	名称	意味・使用法
UF	Used For	この記号の後に，同義の非ディスクリプタを示す.
BT	Broader Term	上位語（広義語）を示す.
NT	Narrower Term	下位語（狭義語）を示す.
RT	Related Term	関連語を示す.
USE	Use	この後に，ディスクリプタを示す.前には，非ディスクリプタがアステリスク＊付きで示される.

(2) 代表的な件名標目表

　図書館の蔵書目録データベースで主に使用される統制語リストを件名標目表といい，表 4-2 に示す.基本件名標目表，国立国会図書館件名標目表，米国議会図書館件名標目表の 3 件が代表的なものである.

表 4-2　代表的な件名標目表

名称	主に使われる図書館
基本件名標目表（Basic Subject Headings: BSH）	日本の図書館
国立国会図書館件名標目表 （National Diet Library Subject Headings: NDLSH）	国立国会図書館
米国議会図書館件名標目表 （Library of Congress Subject Headings: LCSH）	英語圏の図書館，その他の図書館の洋書

4.3 基本件名標目表（BSH）

(1) 概要

　日本の標準的な件名標目表に，「**基本件名標目表**（BSH：Basic Subject Headings）」がある．2020 年 1 月現在，第 4 版（1999 年）が最新版である．BSH は 2 冊からなり，第 1 分冊には件名作業のルールを示した「件名規程」，件名標目を五十音順に掲載した「音順標目表」の他，「国名標目表」，「細目一覧」などが採録されている．第 2 分冊は，「分類記号順標目表」と「階層構造標目表」からなる．

　BSH では，公共図書館，大学図書館，高等学校図書館で必要と想定される語（一般名詞）を収録している．個人名や団体名，地名，書名などの固有名詞は原則として省略している．省略されている固有名詞は，各館において補充採用すべき件名標目群とされている．具体的には，星の名（火星，月など）や職業名などの「例示件名標目群」と，個々の国際機関（ユネスコ，国際連合）や法律名などの「固有名詞件名標目群」がある．ただし国名については例外で，「音順標目表」の後に「国名標目表」が掲載されているので，原則としてそれを参照する．

(2) 音順標目表

　音順標目表は，件名標目と参照語を五十音順に配列した表である．表 4-3 は，BSH の音順標目表のうち，件名標目である「花道」の部分を抜粋したものである．

表 4-3　音順標目表の例

カドウ　**花道** *　　⑧ 793　⑨ 793	
UF：いけばな	
TT：芸能　66	
BT：芸能	
NT：家元．花器．投入花．盛花	
RT：花卉装飾	

　ここで，左上に示されるのが見出し語のカタカナの読み，その右側の「**花道**」が検索のために使用される件名標目であり，太字（ゴシック体）で記され

ている.

　件名標目である「花道」の右上のアステリスク (*) は，前の BSH 第 3 版で
も件名標目として用いられていたことを意味する記号で，この印が付いていな
いものは，BSH 第 4 版の追加項目である．「⑧」「⑨」の後の記号は，それぞ
れ NDC 第 8 版，第 9 版で分類した場合の記号を表している[2].　UF，BT，NT,
RT などの記号の使用法は，シソーラスの場合とほぼ同様である．

　「UF」は Used for の略で，**参照語**（「この語の代わりに，太字の件名標目の
語を使用せよ」という指示）を表す．表 4-3 の場合，「いけばな」の代わりに
「**花道**」を使用することを指示している．ここで「UF：いけばな」とあるのは,
この「いけばな」という語は，見出し語の「**花道**」という**件名標目**（検索の手
がかりとして与えられる語）と同義語でありながら，件名標目としては採用さ
れなかったという意味である[3].　なお，ここに挙げられていない別表記の「華
道」,「生け花」などの語も，検索のための件名標目としては使用できない.

　「TT」は，Top Term の略で，最上位標目[4]を意味している．「TT」の後の数
字（表 4-3 では「TT：芸能　66」の「66」）は，後述の階層構造標目表におけ
る TT のグループの掲載順を示している．「芸能」は，階層構造標目表の中の
66 番目のグループという意味である.

　「BT」は，上位標目（上位語，広義語）を示す．BSH では，一段階広い意味
の語をさす[5].　表 4-3 では，「花道」の上位標目「**芸能**」は，最上位標目でもあ
ることが分かる.

　「NT」は，下位標目（下位語，狭義語）を示す．表 4-3 を見ると，「**花道**」
の下位標目には，「**家元**」,「**花器**」,「**投入花**」,「**盛花**」があることが分かる.

　「RT」は関連標目を示す．上下の階層関係はないが，件名標目に関連のあ
る語を示している．表 4-3 では，「RT：花卉装飾」[6]とある．花道とは異なるが,

---

[2] ただし，あくまでも件名標目を与える際の参考として示されたものであり，分類記号を与
　えるための決定的な根拠となるものではない.
[3] 逆に参照語を見出し語に挙げている部分を見ると，「→」で「を見よ参照」が示され,
　「→」の右に件名標目として使用すべき語が表されている．「いけばな」の項目を見ると,
　「いけばな　→　**花道**」と記され，「**花道**」を使用するように指示がある.
[4] 最上位標目とは，その系統の中で最も広い概念を表す件名標目のことである．例えば,
　BSH では「**ペンギン**」の上位標目が「**鳥類**」，その上位標目が「**脊椎動物**」，その上位標目
　が「**動物**」であり，この系統の中で一番広い概念を表す．この場合，「**ペンギン**」,「**鳥類**」,
　「**脊椎動物**」から見て，「**動物**」が最上位標目である.
[5] 他のシソーラスでは，例えば「**ペンギン**」の BT は「**鳥類**」だけでなく「**脊椎動物**」,「**動
　物**」も含むというように，何段階も上位の語も含めて BT としているものもある.

38

フラワーアレンジメントなどを表す言葉が，関連標目として参考に示されている例である．

表4-3には含まれていないが，BSH中で用いられるその他の記号には，「SA」や「SN」などがある．「SA」は，See Alsoの略で，「参照注記」と呼ばれ，「こちらも関連があるかもしれないので，あわせて参照せよ」という指示[7]を示している．「SN」は，Scope Noteの略で，「限定注記」と呼ばれ，見出し語となっている件名標目を使用する際の注記が示されている．

(3) 細目

BSHでは，一つの件名のみでは主題を表現しきれないときに，「細目」と呼ばれる語を付加することができる．このとき，先頭に来る語は「主標目」と呼ばれ，「主標目―細目」というように間をダッシュ（―）で繋いで表示する．

例えば，動物の図鑑であれば，主標目となる語が「**動物**」であり，この後に加える細目が「図鑑」で，「動物―図鑑」という件名標目になる．同様に，植物の図鑑であれば，「植物―図鑑」という件名標目になる．この「―図鑑」のように，細目は多くの場合，複数の件名標目に対して共通の語を使用することになっている．

細目として使用できる語は限られており，大別すると表4-4の7種類がある．「図鑑」は「1. 一般細目」の一種である．

表4-4　細目の種類

1. 一般細目	2. 分野ごとの共通細目	3. 言語細目
4. 地名のもとの主題細目	5. 地名細目	6. 時代細目　　7. 特殊細目

(4) 分類記号順標目表

分類記号順標目表は，BSHの第2分冊（別冊）の前半部分に収録されている表で，BSH音順標目表に挙げられているすべての件名標目に対してNDC新訂9版の詳細な分類記号を付与し，分類記号順に編成した表である．表4-5は，NDCの分類記号「793」（花道）に対応する件名標目の抜粋である．

複数の分類記号が該当する場合には，右端に記載している．NDCの分類記

---

[6] 「かきそうしょく」と読む．「花卉（かき）」とは，花のこと．
[7] これを，「をも見よ参照」という．

表 4-5　分類記号順標目表の例

〔793	花道〕	
793	花卉装飾	627.9
	花道	
793.5	花器	
793.7	投入花	
793.8	盛花	
793.9	石（観賞用）	

号 793 は，「花道」の項目であるが，対応する件名標目としては，「花卉装飾」「花道」がある．また，「花卉装飾」には，NDC の 627.9 も該当し得る．さらにその下には，793 に続く詳細な NDC 分類記号と対応する件名標目が続く．

　分類記号順標目表があることで，分類作業をしながら，同一分野の件名標目が通覧でき，適切な件名標目の付与に役立つ．また，新たな件名を追加する際の，「をも見よ参照」の設定にも役立つ．

(5) 階層構造標目表

　階層構造標目表は，BSH の第 2 分冊（別冊）の後半部分に収録されている表で，音順標目表の TT（最上位標目）を五十音順に並べ，その下に，NT（下位標目）の階層関係を示したものである．中点（・）が増えるほど，下位の階層になる．主題の階層構造を通覧でき，また，選択した件名標目からより適切なものを吟味する際にも役立つ．表 4-6 は TT の 66 番グループ「芸能」の抜粋である．また，図 4-1 は，66「芸能」の構造を図で示したものである．

(6) 件名作業と件名規程

　資料に対して，件名標目を付与する作業を件名作業という．件名作業を行う際には，指針となる件名規程をもとに，件名標目を与えてゆく．BSH 第 4 版の件名規程には，「一般件名規程」と，特定分野のみに適用される「特殊件名規程」がある．

　BSH の一般件名規程によれば，その主題を，的確に過不足なく表現する名辞を選ぶことが基本である．件名標目は，その資料が取り扱っている主題および表現形式の数に応じて，必要な数だけ与えることができる．例えば，『詳しく分かる　政治と経済』という図書に対しては，「政治」「経済」の二つの件名

表 4-6　階層構造標目表の例

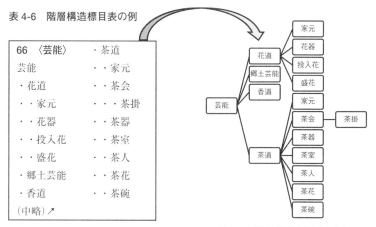

66　〈芸能〉	・茶道
芸能	・・家元
・花道	・・茶会
・・家元	・・・茶掛
・・花器	・・茶器
・・投入花	・・茶室
・・盛花	・・茶人
・郷土芸能	・・茶花
・香道	・・茶碗
(中略)↗	

図 4-1　階層構造標目表の図

標目を与えることができる.

　さらに，資料全体に対する件名標目とともに，資料の一部分を対象とする件名標目を与えることもできる. 例として，『図書館のサービス』という図書に対しては，「図書館奉仕」の他に，この資料の中の一部で取り上げられている「レファレンス　ワーク」「資料貸出」「複写」のような件名標目を与えることができる.

　ただし，主題の明確でない資料や，文学・芸術作品には，件名標目を与えないことになっている. 特に，個人作家の文学・芸術作品に対しては件名標目を与えないことに留意が必要である. 例えば，夏目漱石著『こころ』，芥川竜之介著『杜子春』などの図書に対しては，件名標目を与えない.

　資料に適切な件名標目を与えるためには，その資料の内容を正確に把握し，その内容を最もよく表す名辞で表現することが求められる.

4. 4　NDLSH と Web NDL Authorities

　国立国会図書館が作成している件名標目表として「**国立国会図書館件名標目表**」（NDLSH：National Diet Library Subject Headings）がある. 一館件名標目表で，1964 年に初版が刊行され，2010 年には Web 版が，2011 年には，「Web NDL Authorities（国立国会図書館典拠データ検索・提供サービス）」が提供されている. Web NDL Authorities は，NDLSH のデータを検索できるサービスで

ある．検索対象は「個人名」「家族名」「団体名」「地名」「統一タイトル」「普通件名」と，主標目の後に付与することができる「細目」である．

　例として，「いけばな」という普通件名を検索して結果を表示したものが，下の図 4-2 である．前述の BSH における「花道」（表 4-3）と比較すると，BSH では「いけばな」が参照語で「花道」が件名標目となっており，BSH と NDLSH では異なることが分かる．

　Web NDL Authorities で普通件名の詳細を表示した後，画面右上の「件名検索」ボタンを押すと，国立国会図書館サーチの件名検索結果が表示され，その件名が付与された資料が一覧できる．操作プロセスを以下の図 4-3 から図 4-6 に示した．

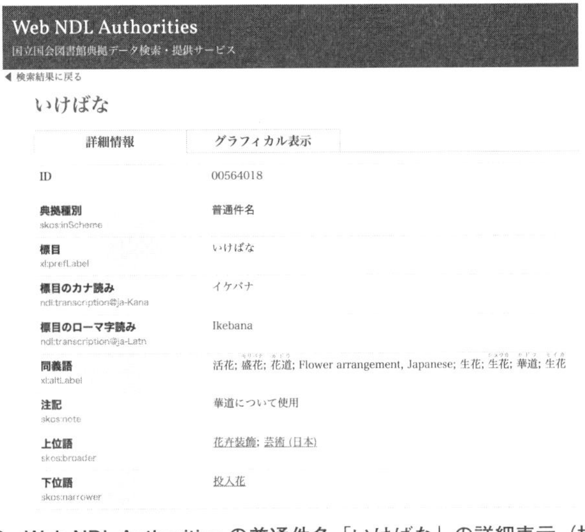

図 4-2　Web NDL Authorities の普通件名「いけばな」の詳細表示（抜粋）

図 4-3　Web NDL Authorities　キーワード検索画面

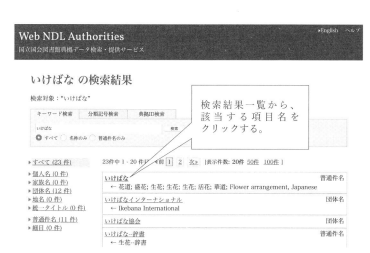

図 4-4 Web NDL Authorities キーワード検索の結果

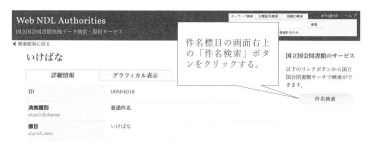

図 4-5 Web NDL Authorities 件名標目表示画面

図 4-6 国立国会図書館サーチを件名検索した結果の画面

4.5 LCSH

主に英語圏で広く使用されている代表的な件名標目表として，「**米国議会図書館件名標目表**（LCSH：Library of Congress Subject Headings）」がある．

もともとは米国議会図書館（LC）の目録に対応する件名標目の一覧であるが，現在では英語圏を中心として世界に広まっている．現時点で確認できる最新版は 40th Edition で，ウェブサイト[8]から PDF で入手することができる．

例えば，「ソーシャル・キャピタル」の概念の提唱者として著名なロバート・パットナムの "Bowling alone : the collapse and revival of american community" には，「United States － Social conditions － 1945-」と「Social change － United States － History － 20th century」が件名として付与されている．

洋書の場合，標題紙裏にある書誌事項とともに LCSH の件名が付されていることもある[9].

---

8) "Archived Library of Congress Subject Headings PDF Files" http://www.loc.gov/aba/publications/FreeLCSH/archivedlcsh.html（2019 年 12 月 25 日参照）
9) 例えば，生きる意味の発見・実現を支援する心理療法「ロゴセラピー」の創始者で，ナチスの強制収容所体験を持つオーストリアのユダヤ人精神科医ヴィクトール・E・フランクルの著書『夜と霧』の英訳版 "Man's Search for Meaning" の標題紙裏には，「LIBRARY OF CONGRESS CATALOGING-IN-PUBLIC DATA」として「1. Frankl, Viktor Emil. 2. Holocaust, Jewish (1939-1945) — Personal narratives. 3. Holocaust, Jewish (1939-1945) — Psychological aspects. 4. Psychologists — Austria — Bibliography. 5.Logotherapy.」の 5 つの件名が記されている．

第 5 章

目録法

大量の情報資源の中から目的の情報資源を探し出す仕組みをつくる組織化のうち，情報資源の書誌情報と所在情報を整備してデータベースとして提供する方法が目録法である．本章では目録法の概要について解説する．

書誌　bibliography　⇒ p.2（組織化）; p.2（書誌情報）

　文献情報のリスト．図書ならばタイトル，責任表示，出版地，出版者，出版年，ページ数などの書誌情報を一定の基準に従って配列したリスト．文献の存在は示すが，所在は示さない（所在情報を含まない）ため，目録とは区別される．

目録　catalog ; catalogue　⇒ p.2, 60 ; p.2（組織化）; p.2, 130（OPAC）

　目録記入の集合体で，所在情報を含む文献リスト．書誌情報に所在情報を加えたもの．

目録記入　entry　⇒ p.60

　書誌記述と標目から成る 1 件の目録データのこと．

書誌記述（記述）　bibliographic description　⇒ p.60 ; p.60, 84（国際標準書誌記述）

　目録記入の構成要素の一つ．個々の情報資源を特定する要素である書誌情報を記述したエリア．図書であればタイトル，責任表示，版表示，出版地，出版者，出版年，ページ数，大きさなどの書誌情報が含まれる．

標目　heading　⇒ p.60

　目録において検索の手がかりとなる項目で，書名を手がかりとした「タイトル標目」，著者・編者・訳者などを手がかりとした「著者標目」，情報資源の内容を代表するキーワードを手がかりとした「件名標目」，NDC などの分類記号を手がかりとした「分類標目」の 4 種類がある．

アクセスポイント　access point

　目録において検索の手がかりとなるもの．便宜的に標目とアクセスポイントを同義で用いることも多いが，標目よりもアクセスポイントの方が広い概念で，検索の手がかりとなる各種コード化情報，検索可能な記述中の出現語句なども含めた広義の用語である．コンピュータによる情報検索では，出版年，出版国コード，言語コード，ISBN，ISSN などの標準番号も検索対象となる．

配列（排列）　filing arrangement
　　目録記入を一定の順序に並べること．目録記入を単に受入順に並べただ
　　けでは，目録を端から端まで検索しなければならないが，目録記入がア
　　クセスポイントに従って配列されていれば，迅速に検索することが可能
　　となる．
日本目録規則　NCR：Nippon Cataloging Rules　⇒ p.75（日本目録規則
2018 年版）
　　日本国内で広く用いられている目録規則．1987 年版から記述ユニット
　　方式を採用した．2018 年版は RDA に準拠しており，現在，1987 年版
　　改訂 3 版（2006 年刊）から 2018 年版（2018 年刊）への移行が進みつつ
　　ある（第 7 章参照）．
英米目録規則　AACR：Anglo-American Cataloging Rules　⇒ p.75（RDA）
　　英語圏を中心に広く利用されてきた目録規則．日本でも洋書目録の作成
　　に利用することがある．現在，第 2 版（AACR2）から発展し，新しい
　　目録法の概念に基づく RDA への移行が進みつつある（第 7 章参照）．

5.1　目録の形態別の種類

（1）冊子目録

　冊子形態の目録で，目録記入の加除，記入データの修正などが不可能なため，
最新情報を得ることができないが，ひと目でみることができ，持ち運びがで
きる．冊子目録は分類順に配列されることが多く，「目録を読む」ことで同一
主題の情報資源を発見しやすい．江戸時代以前の書物である古典籍[1]や，地図，
楽譜，特許資料，学位論文などの特殊コレクション，資料としての価値が高く
希少性のある貴重書などを冊子目録として作成する．

（2）カード目録

　書誌情報，所在記号，検索の手がかりとなる**標目**などを定形のカード[2]に記

---

[1]　正確には，その成立年代が漢籍ならば 1911 年以前（清朝以前），和書ならば江戸時代以前
　　を対象とした書写または印刷出版された書籍のこと．
[2]　通常，目録用国際標準カードサイズ（縦 75mm ×横 125mm）のものが用いられる．

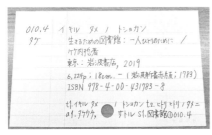

図5-1 目録カードの例

図5-2 カードボックス
（昭和女子大学図書館）

図5-3 カードボックス・目録カード
（昭和女子大学図書館）

図5-4 カードボックス
（昭和女子大学図書館蔵）

録した**目録記入**を，多数の引出付きの箱型の容器に一定に**配列**して収めた目録をいう．（図 5-1〜図 5-4 参照）．

　カードは抜き差しすることができるため，目録記入の加除が可能で，最新の情報を提供・利用することができる．標目ごとの目録編成を必要とする．

　カード目録で情報資源を探す場合は，配列に従ってカードボックスの中に入っている目録カードを一枚ずつめくって，必要なカードを探す．そのため，ひと目で全体を見ることができず，持ち運んで用いることもできない．

　コンピュータの普及により，カード目録を設置している図書館は少なくなっているが，基本的にはコンピュータ目録の基礎となる考え方を備えている．

(3) コンピュータ目録

コンピュータで処理できる媒体に書誌情報を記録・蓄積し，コンピュータを用いて情報資源の検索ができるようにした目録のことをいう．検索画面でタイトル，著者，出版者，出版年，ISBN，件名標目，分類記号などを入力して検索する．コンピュータ目録の導入背景には，目録検索の利便性だけでなく，発注・受入業務（経理処理）との連動もある．カード目録のように標目ごとの目録編成や移動の必要はなく，コンピュータの画面上ですべての作業を完結させることができる．

館内において一人で使用するものもあるが，多くは OPAC としてオンライン公開されており，図書館の外部からでもアクセスでき，多くの利用者が同時に共同利用できるマルチアクセス目録となっている．

コンピュータ目録は一つの画面上でタイトル，著者，件名などの複数の検索項目を入力して検索することができ，カード目録のように標目ごとの目録編成を必要としない．現在，一般書についてはコンピュータ目録が主流となっている．

5. 2 書誌記述

書誌記述とは，情報資源を特定するために，目録記入に書誌情報を記載したものである．以下に，国際標準の ISBD 区切り記号に基づく書誌記述の書式（基本的な項目）と例を示す．

(1) タイトル

情報資源の固有の名称で，図書の「書名」，雑誌の「誌名」などが該当する．本タイトル，並列タイトル[3]，別タイトル[4]，タイトル関連情報[5]がある．本タイトルは冒頭に置かれ，ISBD 区切り記号に従えば，本タイトルとサブタイトルは「：」（コロン）で区切り，前後にスペースを置く．

例）生きるための図書館　　：　　一人ひとりのために

---

[3] 本タイトルとは別の言語または文字で表したタイトルのこと．
[4] 第 2 のタイトルのことで，同等であることを示す「または」「もしくは」などの言葉とともに表示される．
[5] サブタイトルや，タイトルを修飾する語句など．

(2) 責任表示

　情報資源の内容に責任をもつ著者，編者，訳者などの個人や団体の名称．著作などの関与を示す「著」「編」「訳」などの語とともに記録される．ISBD区切り記号に従えば，タイトルの後に「／」（スラッシュ）で区切り，前後にスペースを置いて責任表示を記載する．

　　例）　／　竹内悊著

　責任表示とするものの範囲には，直接的な著者，編纂者，作曲者，画家などと，間接的な原作者，編者，訳者などが含まれる．下の例のように「著者」と「訳者」などの異なる役割を果たした責任表示は「；」（セミコロン）で区切り，前後にスペースを置く．

　　例）『さまよえる湖』（岩波文庫刊）
　　　　　／　ヘディン著　；　福田宏年訳

　同一の役割を果たした責任表示は，2人までは「，」（カンマ）で区切り，最後に役割を記す．下の例では，著者は1人だが，編者が2人いるので，編者2人の名を挙げた後に「編」を記載する．

　　例）『全譯三國志』（汲古書院刊）
　　　　　／　陳寿著　；　渡邉義浩，仙石知子編

　同一の役割を果たした責任表示が3人以上の場合は，「1人目　［ほか］　」として，残りを注記する．［　］（角がっこ）の前後はスペースを置く．注記は，著者の場合は「残りの著者：　」とし，「：」（コロン）の後にスペースを置く．

　　例）『人物でたどる日本の図書館の歴史』（青弓社刊）
　　　　　責任表示　⇒　／　小川徹　［ほか］著
　　　　　注記　　　⇒　その他の著者：　奥泉和久，小黒浩司

(3) 版表示

　情報資源の属する版[6]を示す語句などの表示のことで，原則として情報源（図書などの資料）に表示された通りに記録する．情報資源の版次，版の種類などが該当する．第1版，新訂2版だけではなく，新装版，増補版，改訂版，

---

[6] 同一の原板を用いて，同一の出版者によって刊行された刷りの全体のこと．

縮刷版，豪華版なども含まれる．NCR の場合は，原則として「刷」は記録しない．

(4) 出版地

　情報資源の出版された場所．NCR の場合，出版者の所在する市，町，村の地名を記入する．市名の「市」は記入しない．東京特別区（23 区）のみ「東京」とする．

　　例）　東海大学出版部　「神奈川県平塚市北金目」　⇒　「平塚」と記録
　　　　　岩波書店　「東京都千代田区一ツ橋」　⇒　「東京」と記録
　　例）　府中（東京都と広島県にある地名）⇒　都道府県名を付記して識別しそれぞれ「府中　（東京都)」「府中　（広島県)」と記録

(5) 出版者

　情報資源の出版について責任をもつ個人あるいは団体の名称のことをいう．記述においては，出版地に続いて記録され，日本の書籍の場合，奥付などにある「発行所」がこれに該当する．NCR の場合，法人組織を示す語は省略する．

　　例）学校法人東海大学　⇒　「東海大学」と記録
　　例）株式会社岩波書店　⇒　「岩波書店」と記録

(6) 出版年

　情報資源が出版された年，発行年．版に注目し，最新版が刊行された最初の年を記録する．刷りの年は，出版年に該当しない．「年」という字は書かない．

　　例）奥付の表記が下記のような場合
　　　　　2005 年　　初版第 1 刷発行
　　　　　2010 年　　改訂版第 1 刷発行
　　　　　2015 年　　改訂版第 2 刷発行
　　　⇒　最新版である「改訂版」が刊行された最初の年「2010 年」を選び，「年」の字を書かずに「2010」と記録

(7) ページ付

　情報資源に付された「最終のページ番号」のこと．末尾に小文字の「p」を付す．複数のページ立てをもつ情報資源の場合は，ページ付けごとに「，　」

（カンマ，スペース）で区切って記録する．

　　例）本文の最初のページが 3 から始まって，最終ページに 250 とある場合
　　　　⇒　「250p」と記録
　　例）目次のページ付けが i から xx まで，本文がアラビア数字のページ付け
　　　　で最終ページが 340 とある場合　⇒　「20，　340p」と記録

(8)　大きさ

　情報資源の外形の高さのこと．冊子体の場合，外形の高さをセンチメートル
の単位で，小数点以下の端数を切り上げて記録する[7]．

　　例）21.4 cm　⇒　「22 cm」と記録

　縦の大きさが 10 cm 未満の場合は少数第一位まで記録する．

　　例）9.5 cm　⇒　「9.5 cm」と記録

　なお，横が縦よりも長い「横長本」，縦が横の 2 倍以上長い「縦長本」，正方
形の「升形本（ますがた）」に限っては，「縦×横 cm」と記録する．

5.3　アクセスポイントと配列

　目録記入のオリジナルデータ（記述ユニット）は，ほぼ時系列で受入順に入
力・作成されるが，実際に検索されるのは，受入順のオリジナルデータではな
く，検索の手がかりとなるものを**アクセスポイント**（標目）の順に並べたコピ
ーデータ（分出記入）であり，そこからオリジナルデータにたどり着くしくみ
になっている．情報資源の検索が正しく，効率的に行われるためには，コピー
データ（分出記入）が正しく配列されていなければならず，そのために標目が
作成される．
　標目には，①タイトル標目，②著者標目，③件名標目，④分類標目の 4 種類
がある．

①タイトル標目　title heading
　情報資源の本タイトル，サブタイトル，シリーズタイトルのうち，書誌記述

---

[7] 大きさが 10cm 未満の場合は，センチメートルの単位で少数第一位まで記録する．

に含まれているものを選び，カタカナで分かち書きして表す．title の頭文字を取って，t1. タイトル標目 1 つめ　t2. タイトル標目 2 つめ　のように記載する．

例）t1. イキル　タメ　ノ　トショカン　t2. ヒトリ　ヒトリ　ノ　タメニ

②著者標目　author heading
　著者，編者，訳者など，その情報資源の製作に携わった個人，または団体で，書誌記述の中に含まれているものを選ぶ．カタカナで，人名の場合は姓，名の順序で，カンマ（,）で区切って表す．author の頭文字を取って，a1. 著者標目 1 つめ　a2. 著者標目 2 つめ　のように記載する．

例）a1. タケウチ，サトル

③件名標目　subject heading
　件名標目表（第 4 章参照）にしたがって選定した，情報資源の内容を代表するキーワードの統制語．subject 頭文字を取って，s1. 件名標目 1 つめ　s2. 件名標目 2 つめ　のように記載する．

例）s1. 図書館

④分類標目
　NDC（第 3 章参照）などにしたがって，情報資源の内容に対応する分類記号を検索の手がかりとして与えたもの．○印の中に数字を入れ，①分類標目 1 つめ　②分類標目 2 つめ　のように記載する．

例）① 010.4

　カード目録の場合は検索の手がかりである 4 種類の「標目」の種類別にカードボックスが編成されている．

①タイトル目録
　本タイトル，サブタイトル，シリーズタイトルを，それぞれカタカナで分かち書きした「タイトル標目」を手がかりに目録記入の複製（分出記入）を配列し，タイトルの五十音順またはアルファベット順で検索できるようにした目録．

②著者目録

　著者，編者，訳者などを，それぞれカタカナで，姓と名の間にカンマを入れて表した「著者標目」を手がかりに目録記入の複製（分出記入）を配列し，著者の五十音順またはアルファベット順で検索できるようにした目録.

③件名目録

　件名標目表（第4章参照）にしたがって選定した，情報資源の内容を代表するキーワードの統制語である「件名標目」（第4章参照）を手がかりに目録記入の複製（分出記入）を配列し，件名の五十音順またはアルファベット順で検索できるようにした目録.

④分類目録

　NDC（第3章参照）などにしたがって，情報資源の内容に対応する分類記号である「分類標目」を手がかりに目録記入の複製（分出記入）を配列し，分類の順で検索できるようにした目録.

　なお，コンピュータ目録の場合は，アクセスポイントとなるタイトル，著者，件名，分類，その他のアクセスポイントについて，オリジナルファイルとは別に電子的な転置ファイル（インバーテッドファイル）を作成して同様の措置を取っている.

5.4　目録作業の実際

　目録作業は，その図書館で受け入れた情報資源の書誌的事項を記録する作業であり，カード目録作業とコンピュータ目録作業がある．書誌的事項の記録には，目録規則を用いるが，日本の場合，日本目録規則（NCR）を基本に用いる．洋書目録の場合，英米目録規則（AACR）やRDAが用いられる場合もある．なお学校図書館などカード目録を作成している図書館もあるので，以下の作業の流れでは，カード目録とコンピュータ目録の双方について説明する.

(1) カード目録の場合

①受入[8]の終わった情報資源の書誌情報を目録カードに書き入れ，所在記号を

---

8)　購入・寄贈によって得た資料を，図書館の所属する地方公共団体などの物品に関する規則に基づいて，その図書館の財産として登録すること.

付す.

②書誌記述の作成が完了したら,標目の数だけカードを複写し,その目録カードにタイトル標目,著者標目,件名標目,分類標目を書き入れる.

③標目ごとに目録カードをカードケースに配列する.標目の表記がカタカナの場合は五十音順.ローマ字表記の場合はアルファベット順で配列.

(2) コンピュータ目録の場合

①情報資源の発注または受入時点で目録作成を行う.

②作成される目録の書誌情報は,MARC データとして流通しているものをコピーするコピー・カタロギングが主流である.MARC データにその情報資源の書誌情報が無い場合は,MARC フォーマットに沿って書誌事項を入力する(オリジナル・カタロギング).

③登録した目録情報は,データベースとして管理されるので,カード目録のような配列を行う必要はない.

(3) 目録情報の品質管理

作成された目録情報には,誤りが無いかなどの情報の品質管理が不可欠である.ミスは直ちに修正されなければならない.カード目録時代には,配列された目録カード全体をチェックすることで目録上のミスを発見できたが,コンピュータ目録の場合は,データベースに登録すると,検索した結果からしか目録情報のミスを発見できなくなる.それだけに,コンピュータ目録の場合は,書誌情報の入力において注意を払わなければいけない.漢字の変換ミスは思わぬ問題を引き起こす.例えば人名でいえば,「斎藤」「斉藤」「齊藤」は,どれも読みは「サイトウ」で同じであるが,字形は異なる.コンピュータ目録の場合,漢字形でも検索ができるので,間違った字形で登録すれば,漢字形での検索に支障を来す.さらに流通する MARC データにも残念ながらミスはある.問題は,そのミスを見抜けず,安易にコピー・カタロギングによって目録編纂をしていないかということである.MARC データをコピーする場合は,そのデータに誤りが無いかをチェックしながら,必要があれば修正を加えて利用するべきである.コンピュータ目録の導入によって目録作成上の人的な省力化が指摘されるが,品質管理もまた「人」でなければできないことを忘れてはいけない.

5.5　代表的な目録規則の種類

　今日では，国，言語圏によって標準的な目録規則が公刊され，日本では日本目録規則，英語圏では英米目録規則が広く用いられている．

(1)　日本目録規則（NCR：Nippon Cataloging Rules）

　日本国内で用いられている目録規則である．情報資源を検索するための目録を作成する指針，基準で，目録作業の具体的な方法が示されている．『新版予備版』（1977 年）から記述ユニットカード方式が採用された．『1987 年版』では MARC（機械可読目録）の作成，書誌階層による記述の規則が明記された．『1987 年版改訂版』『同改訂 2 版』『同改訂 3 版』は，図書以外の様々なメディアの規定が盛り込まれた．『2018 年版』が最新版である（第 6 章，第 7 章参照）．

(2)　英米目録規則（AACR：Anglo-American Cataloguing Rules）

　米国にはじまり，英国，カナダの英語圏を中心に，やがて国際的な目録規則となった．第 1 版は 1967 年刊行．第 2 版では国際標準書誌記述に準拠し，MARC の作成にも対応できるようになった．2010 年には第 2 版の後継として，新しい目録の枠組みである FRBR（第 7 章にて解説）に基づく RDA（Resource Description and Access）が改訂版として公開された．世界の国立図書館では RDA が用いられる例が増えており，日本でも国立国会図書館が洋書目録に RDA を導入している．

5.6　記述の標準化

　目録は，当初は各図書館単位で利用されてきた．しかし，図書館活動が図書館ネットワークを利用しながら拡大したことによって，それぞれの図書館が収蔵する情報資源を外部から把握する必要性が出てきた．そのためには目録における記述の標準化が不可欠である．この点については第 8 章書誌コントロールにおいて詳述するが，ここでは，次章の目録規則を理解するために簡単に目録記述の標準化を解説する．

　書誌情報を流通させるための国際的な枠組みとして，国際図書館連盟（IFLA）[9]によって，国際標準書誌記述（ISBD）[10]が制定された．その目的は，

次の3点である.

　①書誌記述をコンピュータで処理できる形にし，検索をコンピュータででき
　　るようにする.

　②書誌記述に互換性をもたせる. つまり，他の機関のデータを互いに利用で
　　きるようにフォーマットを整える.

　③ことばや文字が妨げとならないように，どの国においても情報の内容が理
　　解できるようにする.

　このような国際的な目録の枠組みを土台にして，各国の目録規則が編成され
ているのである（図5-5 参照）.

図 5-5　ISBD と目録規則の関係

---

9)　IFLA：International Federation of Library Associations and Institutions の略
10)　ISBD：International Standard Bibliographic Description の略

第 6 章

日本目録規則（NCR）

日本目録規則は，日本国内の多くの図書館において目録作成の規則として利用されている．本章では『日本目録規則 1987 年版改訂 3 版』に基づいて解説し，『日本目録規則 2018 年版』は次章で解説する．

目録　catalog　⇒ p.2, 46
　目録記入の集合体で，情報資源のカタログ．

目録記入　entry　⇒ p.46
　書誌記述と標目からなる 1 件の目録データのこと．

書誌記述（記述）　bibliographic description　⇒ p.46；p.2（書誌情報）
　目録記入の中で，情報資源を特定する書誌情報を記載したエリア．書誌情報の要素は ISBD 区切り記号によって記載する．

国 際 標 準 書 誌 記 述　ISBD：International Standard Bibliographic Description　⇒ p.84
　目録記述の国際的な基準．書誌情報の流通を推進するために定められた．2011 年には ISBD 統合版が公開された（第 7 章参照）．ISBD 区切り記号法は，ISBD 基準に従った書誌情報を記載する際の記号法．NCR87R3 では，1.0.6.7（ISBD 区切り記号法）で定める．

標目　⇒ p.46
　検索の手がかりとなる項目．

標目指示
　目録記入の中で，標目を指示するエリア．

6.1　日本目録規則 1987 年版改訂 3 版

2018 年 12 月に新しい日本目録規則である『日本目録規則 2018 年版』が刊行されたが，現状では『日本目録規則 1987 年版改訂 3 版』（以下 NCR87R3 と略す）が利用されており，今後，時間をかけて新しい目録規則に移行すると見られる．新しい目録規則を運用するためには，今まで蓄積されてきた目録情報を理解することが必要である．

(1) 構成と見方

NCR87R3 の主要部分は,「総則」,「第 I 部（記述）」,「第 II 部（標目）」,「第 III 部（配列）」からなる．他に「付録（略号表，カード記入例）」,「用語解説」,「索引」がある．

第 I 部は全 13 章で，各章は目録作成規則の「本則」と「任意規定」,「別法」で構成される．運用においては「本則」を基本とし，各図書館の事情に応じて本則の記述内容を詳しくするために「任意規定」を用いることを認めている．「別法」は，特定のニーズが想定される場合に本則以外の方法として用意されたもので，各図書館が本則もしくは別法のいずれを採用するかを判断して適用する[1]．

目録作成では，目録規則の本則に基づいた書誌情報の作成が求められるが，実務においては，各図書館はその置かれた状況や利用者のニーズに応じて目録作成にあたっており，各図書館は流通する書誌情報に対して任意規定や別法を用いるため業務マニュアルを定めて運用することもある．例えば，NCR87R3 ではページ数をアラビア数字に変換するが，既存の目録情報に関しては，ローマ数字による記載を残す（別法適用）などがある．これは，既に蓄積された古い目録の記述慣習を遡って訂正するのが困難な場合に行われた[2]（6. 6 参照）．

冒頭の記述総則（第 1 章）では，記述における全体的なルールを示し，以後，図書（第 2 章），書写資料（第 3 章），地図資料（第 4 章），楽譜（第 5 章），録音資料（第 6 章），映像資料（第 7 章），静止画資料（第 8 章），電子資料（第 9 章），博物資料（第 10 章），点字資料（第 11 章），マイクロ資料（第 12 章）と資料種別ごとに章を設けて単行資料の記述の仕方を定め，第 13 章で継続資料（雑誌などの逐次刊行物）の記述の仕方を定めている．第 II 部では標目について規定し，第 III 部では標目に基づくカード目録の配列方法を述べている．

(2) 特徴

NCR87R3 の特徴は，記述ユニット方式を採用している点と，コンピュータ目録に対応している点である．

---

[1] NCR87R3, 第 0 章 総記の 0.10 任意規定，別法，目録担当者の判断を参照のこと
[2] このような過去の目録データの修正には多大な労力がかかるため，既存の目録データの存在を認めつつ，それ以後の新しい目録データは新しい基準で作成された経緯がある．但し，多くの図書館ではカード目録からコンピュータ目録へデータを移行する際に遡及修正を行っている．

記述ユニット方式とは，主にカード目録作成において利用され，具体的には，基本となるカード（目録記入）とその複製（分出記入）を作成する方法である．基本となるカード（1 件の目録データ）は，情報資源を特定する書誌情報を記載した「**書誌記述**」と，どのような標目を与えるかを決める「**標目指示**」から構成される．標目指示に列挙された標目のうち 1 つが分出記入を作成する手がかりとなり，同時にカード目録の配列と検索の手がかりともなる．作業手順は，まず基本となる目録カードを作成し，標目指示に列挙した標目の数だけカードを複製し（分出記入の作成），その上部に設けられた標目の記入欄に，標目指示で挙げられたうちの 1 つの標目を書き込み，標目の種類ごとに目録カードをカードケースに配列する．

　コンピュータ目録への対応は，目録の MARC 化（機械可読化）とオンライン目録普及による目録と書誌情報の共有化に備えるためである．そのため，ISBD などの国際規格に準拠するとともに，次に述べる「書誌階層」という概念を導入した．

6.2　書誌階層

　書誌階層とは，一つの書誌記述の中に複数の書誌記述が含まれ，それが上下の階層関係をなしているものをいう．また，書誌階層が同じ位置に属するものを書誌単位という．NCR87R3 では，書誌階層を次の三つにまとめている（図 6-1 参照）．

(1) 基礎書誌単位
　最も基礎となる書誌単位で，①「単行書誌単位」と，②「継続刊行書誌単位」とがある．

①単行書誌単位（単行書誌レベル）
　独立した単行資料の記述を指す．具体的には，物理的に刊行された「本」そのものを対象に記述している．物理的に 1 冊だけからなるものと，一つの著作を上下や 1～5 巻のように複数に分冊刊行する多巻ものとがある．書誌的事項としては，タイトル，責任表示，出版・形態に関する事項，注記に関する事項，ISBN などの標準番号を記録する．

②継続刊行書誌単位（逐次刊行書誌単位）

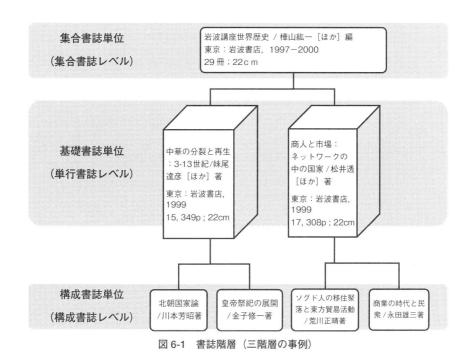

図 6-1 書誌階層（三階層の事例）

継続資料または逐次刊行物[3]の書誌単位である．例えば，雑誌を事例にすれ
ば，継続刊行される各号に共通する書誌情報（タイトル，責任表示，出版や
形態に関する事項，注記に関する事項，ISSN などの標準番号）を記録する．

(2) 集合書誌単位（集合書誌レベル）

集合レベルの書誌単位で，集合単位ともいう．基礎書誌単位の上位の書誌単
位．具体的には，シリーズなどを指す．記述される書誌事項は全体に共通する
事項であり，シリーズ全体に共通するタイトル，責任表示，出版に関する事項，
形態に関する事項（全体を構成する冊数など）が記録される．

(3) 構成書誌単位（構成書誌レベル）

基礎書誌単位を構成する諸要素で，基礎書誌単位から見ると下位の書誌単位．

---

[3] 同一のタイトル（書名，誌名，紙名）のもとに，終期を予定せず，巻号，年月日の順に継
続出版される．例として，雑誌，新聞，年鑑，紀要などがある．

図書の場合は，その中に含まれる各論文や各小説などを指し，それぞれの著作は固有のタイトルをもっているが，1冊ずつ独立していない状態のものである．

図 6-1 は，書誌階層が三階層の事例である．この例では，集合書誌単位として「岩波講座世界歴史」というシリーズに全 29 冊あり，その中の 1 冊（基礎書誌単位）の『中華の分類と再生』は複数の論文（構成書誌単位）からなっている．その収録論文（構成書誌単位）の一部が，川本芳昭著「北朝国家論」，金子修一著「皇帝祭祀の展開」である．

図書の場合，基礎書誌単位が具体的な「本」という出版物であり，構成書誌単位はその内容にあたる．実際の目録では，構成書誌単位の情報は内容注記などで記録されることが多く，二階層（基礎書誌単位と集合書誌単位）で構成される．

6.3　目録記入

目録記入（entry）[4]とは，目録（catalog）を構成する単位（1件の目録データ）のことである．単に「記入」ともいう．図 6-2 は，カード目録の場合の目録記入の構成要素とその配置を示したものである．

以下，目録記入を構成するそれぞれの要素について説明する．

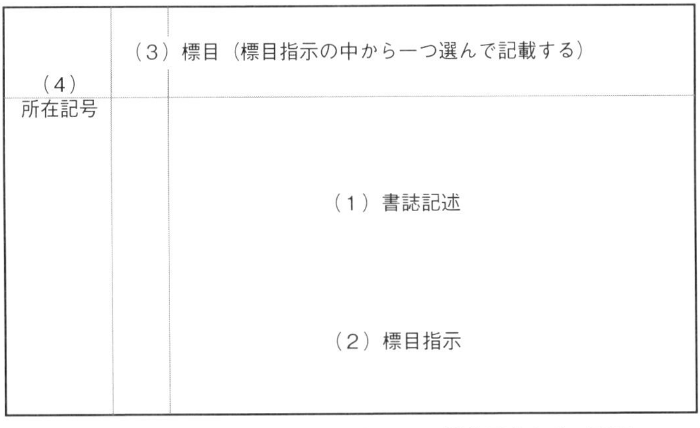

（4）所在記号	（3）標目（標目指示の中から一つ選んで記載する）
	（1）書誌記述 （2）標目指示

図 6-2　カード目録の場合の目録記入の構成要素とその配置

---

[4] 「記入する」（enter）という動詞（動作）ではなく，「記入されたもの」（entry）という名詞（対象）であり，1件の目録データのことである．

64

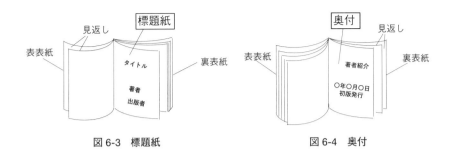

図6-3 標題紙　　　　　図6-4 奥付

(1) 書誌記述

　個々の資料を他の資料と区別するための書誌情報（タイトル，責任表示，版表示，出版に関する事項[5]，形態に関する事項[6]，注記，標準番号[7]など）を記載した部分．目録記入の主要部分を占め，カード目録の場合は中央部分に記録される．図書の場合，記述の情報源の優先順位は，標題紙（図6-3），奥付（図6-4），背，表紙の順である．

(2) 標目指示

　標目を列挙して指示するエリア．カード目録の場合は書誌記述の下部に記載される．NCR87R3 では，タイトル標目，著者標目，件名標目，分類標目の順に列挙する．

(3) 標目

　目録記入（目録データ）を配列する手がかりとなるとともに，利用者が資料の情報を検索するための手がかりとなる項目．タイトル標目，著者標目，件名標目，分類標目の4種類がある．タイトル標目と著者標目はカタカナで表記する．件名標目は BSH（第4章参照）などの件名標目表から，分類標目は NDC（第3章参照）などの分類表から与える．カード目録の場合は，書誌記述の上部，カード最上段に記載され，検索・配列の見出し語となる．

---

[5] 出版地，出版者，出版年を記載する．
[6] 図書の場合はページ数，大きさなどを記載する．
[7] 図書の場合は ISBN（国際標準図書番号）を記載する．

(4) 所在記号

その資料が図書館のどこにあるかを示す記号のことで，分類標目に採用される分類記号と著者記号を組み合わせて示すことが多い．

以上の（1）から（4）を備えた目録記入の例として，カード目録の形で記載した書式と記入例を以下に示す（図6-5，図6-6参照）．

カード目録の場合，上記の要素を記載して作成された基本となる目録カード（「記述ユニット」，オリジナルデータとして別に保存）をもとに，標目指示で列挙された標目の数だけ複製（コピーデータ，分出記入）を作成し，それぞれの分出記入を，着目した標目の種類ごとに，「タイトル目録」，「著者目録」，「件名目録」，「分類目録」のいずれかの目録に加えていく．このようにして目録を編成する方法が記述ユニット方式である．

6.4　典拠ファイル・典拠コントロール

同一の著者が複数の名称で知られている場合，目録上でそのまま記述してしまうと，その著者の著作を記した目録カードが目録内で分散してしまうことがある．またコンピュータ目録でも，複数の著者名表記で検索しなければならない．そこで同一の著者の複数の名称，例えば，ペンネームと本名や複数のペンネームがある著者については典拠コントロール（典拠管理ともいう）を行う．

典拠ファイルとは，目録作業の過程で，その図書館で標目として採用した著者名，件名，統一タイトル[8]の形式（統一標目という）を決定し，必要とする参照が付された語句の一覧表のことをいう．カード目録の場合は，典拠管理カードや一覧表を作るが，コンピュータ目録では，典拠ファイルとしてデータベースで管理する．具体的には，「著者名典拠ファイル」と「件名典拠ファイル」がある．

(1) 著者名典拠ファイル

著者名において，①同じ著者で複数の名称をもつ場合と，②同じ氏名で違う人物の場合とがある．

---

[8]　著作が様々なタイトルで刊行されている場合，目録記入をするために用いる統一のタイトルのこと．

分類記号	標 目	
図書記号 （著者記号）		タイトル ： タイトル関連情報 ／ 責任表示. － 版表示 出版地 ： 出版者, 出版年 ページ数 ： 大きさ. － （シリーズ名 ： シリーズ番号） 注記 標準番号 t1. タイトル標目 a1. 著者標目 s1. 件名標目 ①分類標目

図 6-5　カード目録の書式

010.4	イ	キル　タメ　ノ　トショカン
タケ		生きるための図書館 ： 一人ひとりのために ／ 竹内悊著 東京 ： 岩波書店, 2019 6, 224p ； 18cm. － （岩波新書新赤版 ： 1972） ISBN 978-4-00-431783-8 t1. イキル　タメ　ノ　トショカン t2. ヒトリ　ヒトリ　ノ タメ　ニ a1. タケウチ, サトル s1. 図書館 ①010.4

図 6-6　カード目録の例　NCR1987 年版改訂 3 版による

①同じ著者で複数の名称をもつ場合：一般に通用する方を採用するが, 著作に
おいて両方とも通用している場合は両方を採用し, 相互参照を付す.
　例）一つの著者名にまとめる場合（本名とペンネーム）
　　　夏目金之助（本名）　→　夏目漱石（ペンネームを標目に採用）
　　　矢部みゆき（本名）　→　宮部みゆき（ペンネームを標目に採用）

　カード目録の場合は, 次のような参照カードを作成し, この参照カードを著

標目　矢部みゆき

標目　宮部みゆきを見よ

図 6-7　参照カード「を見よ参照」の例

者目録の本名「矢部みゆき」の箇所に追加して標目採用の「宮部みゆき」に検索を誘導する．コンピュータ目録の場合は，典拠ファイルにてリンクを貼って検索を誘導する．図 6-7 は参照カード「を見よ参照」の例である．

例）複数の著者名を共に標目にする場合（複数の名で著作がある）

中島梓（ペンネーム）と栗本薫（ペンネーム）や，乙一（ペンネーム）と中田栄一（ペンネーム）のように，一人の作家が複数の著者名（ペンネームや本名を含めて）を使用している場合は，それぞれを著者標目として，相互に関連性があることを示す相互参照を付ける．カード目録の場合は，著者目録における双方の標目箇所に相互参照カードを挿入して，検索の便を図る．またコンピュータ目録の場合は，該当する著者標目に相互参照のリンクを貼る．図 6-8 は，相互参照カード「をも見よ参照」の例である．

標目　乙一

標目　中田栄一をも見よ

標目　中田栄一は

標目　乙一をも見よ

図 6-8　相互参照カード「をも見よ参照」の例

②同じ氏名で違う人物の場合：区別のため生没年，職業を付加して，典拠形を定める．

例）　鈴木一郎（1881 − 1961）

　　　鈴木一郎（1925 −）

鈴木一郎（1925 - 牧師）

　各図書館で著者名典拠を作成する際，目録対象資料の情報の他，各種レファレンスツールを参照しながら標目形を確定する．また国立国会図書館典拠データ検索・提供サービス（Web NDL Authorities）を参照することも多い．

(2) 件名典拠ファイル

　件名は，その図書館で採用されている既成の件名標目表を超えて増え続ける．そのため，それぞれの図書館で件名標目表に加えた件名を記録し，典拠を示すための件名典拠ファイルを作成する．

6.5　分かち書き

　分かち書きとは，文をことばとして独立性を失わない範囲で，単語で表記することで，ことばとして意味が分かり，もっとも小さく分割した単位を一つの言葉として扱う．具体的にはことばとことばの間に1字分のスペースを空けて，カタカナで表記する．

　例）図書館の発見　→　トショカン△ノ△ハッケン　（△はスペース）

　分かち書きの必要性は，日本語には英語のような単語単位で区切りがないため，単語単位の検索のために単語ごとにスペースで区切る必要があるからである．また，分かち書きのルール（基準）の必要性は，①書誌データ作成作業のためと②書誌データの検索のためである．これによって，適切な検索語の付与・選定を行う際の判断目安が与えられ，書誌データの効率的な検索を確保できる．

　代表的な基準として国立国会図書館の「分かち書き基準（2008年4月以降）」[9] がある．これは，国立国会図書館作成，提供の書誌データ（JAPAN/MARC）が対象であるが，各種標目（タイトル，団体著者名など）に適用され，同書誌データの検索語の付与にも活用される．JAPAN/MARC 書誌データが無

---

[9]　国立国会図書館．"分かち書き基準（2008年4月以降）"．https://www.ndl.go.jp/jp/data/catstandards/yomi/word_division_Apr2008.html，（2020年2月1日参照）

中国化学史話　／　曹元宇著；木田茂夫, 山崎昶訳 東京：裳華房, 1990 2 冊；19cm. － （ポピュラーサイエンス） ISBN: 4-7853-8545-6（上） ISBN: 4-7853-8546-4（下） 上下に分冊刊行 （NCR87R3 による）	中国化学史話　上　／　曹元宇著；木田茂夫, 山崎昶訳 東京：裳華房, 1990.12 228p；19cm. － （ポピュラーサイエンス） ISBN: 4-7853-8545-6 （JAPAN/MARCデータを元に作成） ＊上下冊をそれぞれ目録化する

図 6-9　目録法による書誌記述の違い

料提供されている現在において，各図書館におけるコピー・カタロギングでこの基準が参照されることが多い.

6.6　目録作成の実際

現在，日本における各図書館の目録作成においては，NCR87R3 がその標準的な目録規則として用いられている．但し，実際に作成される目録の細部では，NCR87R3 とは異なる記述もある．図 6-9 は，左が NCR87R3 にしたがって作成したもので，右が JAPAN/MARC データをもとに作成したものである．比較しやすいように，どちらも ISBD 区切り記号の形で示した.

例えば，事例の『中国化学史話』は上下 2 冊に分冊刊行された．これをNCR87R3 では一つの目録でとるので，タイトルは「中国化学史」としてページ数の記載を「2 冊」とする．NACSIS-CAT でも同じである[10]．しかし，JAPAN/MARC や民間 MARC では，物理的な単位に対応した目録作成，すなわち 1 冊につき 1 目録の作成がなされるので，タイトルは「中国化学史話　上」としてページ数は「228p」と上冊の具体的なページ数が記入される．出版年については，NCR87R3 では出版年のみを記載するが，JAPAN/MARC や NACSIS-

---

[10] NACSIS-CAT を管理する NII は，2020 年 4 月より CAT2020 を運用し，目録に大きな変化が想定される．詳細は第 9 章 9.2 共同目録作業（4）を参照のこと.

CAT では年・月まで記載する.

　版表示については，NCR87R3 は版のみを記録するのに対して，NACSIS-CAT では刷次まで記載する事例が散見される．版が同じであれば，刷りにおいてテキスト内容には変化がないというのが一般的な考え方であるが，実際の出版物においては版表示を変えないまま，増刷の際にテキストに修正を入れる出版社があり，それに対応して記述すると刷次の表記が必要になる事例もある．このように，NCR87R3 は各目録の作成方針に一定の影響を与えているものの，現実の出版状況やそれぞれの目録作成機関の事情によって，記述の仕方に違いが生じているのである．

　目録規則の運用では，本則の範囲内で統一を図ることが望ましいが，各図書館の目録には各図書館の蓄積もあり，これの全てに修正を迫るのは実務としては不可能である．そこで目録規則を作成する際には，過去の蓄積に対しても配慮がなされている．6.1 でも述べたように NCR87R3 では，各規則項目に適宜，「任意規定」と「別法」を設け，各図書館の事情による適用を認めている．例えば，形態的事項のページ数において，ページ付けの区別のために用いられるローマ数字は，アラビア数字に修正するのが基本の運用であるが，別法ではローマ数字の表記を認めている．このように目録作成やその目録を利用した情報提供サービスにおいては，目録規則と実際の作成された目録との違いにも注意を払わねばならない．また目録作成者には，各種図書館サービスにおいて目録情報がどのように利用されるのかを考え，より利用者に分かり易い寄り添った目録を心がけるべきである．

第 7 章
新しい目録規則とその動向

本章では，RDA，NCR2018 などの新しい目録規則の概要と動向，その背景にある目録の国際的な枠組みである FRBR について解説する.

FRBR　Functional Requirements for Bibliographic Records

「書誌レコードの機能要件」と訳される．目録データの枠組みの一つ．それ以前の目録規則では十分に表現できていなかった情報資源の特性を反映した書誌データを作成し，検索者の目的に合ったかたちで提供するための新しい概念モデル.

モデル化　modeling

複雑な現実（実世界）に対して，その基本的な構造のみを示すなどして抽象化すること．ここでのモデルは理想形という意味ではなく，あくまで現実に基づくものである.

概念モデル　conceptual model

複数のデータ間の関係などを整理して表す「概念設計」の結果として導き出されるモデル．情報システムを作成する過程において，システムの管理の対象とする事項を抽出し，システムの目的や機能をふまえて作成される.

実体関連モデル（ER モデル）　Entity-Relationship Model

モデル記述言語の一つ．モデル化の対象を「実体（entity）」とその「関連（relationship）」からなるものとする手法．ER（実体関連）図で表現される.

FRBR 実体 第 1 グループ　group 1 entities

FRBR でモデル化の対象となる「実体」をまとめてとらえた第 1 ～第 3 までのグループの一つ．第 1 グループは「著作」，「表現形」，「体現形」，「個別資料」の 4 つからなる.

著作　work

「個別の知的・芸術的創造」を指し，作品と表すこともある．著作物などが文字などの具体的な形には表現されていない状態.

表現形　expression

「著作の知的・芸術的実現」を指す．著作が，ある言語のテキスト（文章）などによって表現された状態．形はもたない.

体現形　manifestation

「表現形の物理的な具現化」を指す．表現形が刊行物などの形で物理的に具体化された状態．

個別資料　item

「体現形の単一の例示」を指す．個々の（一点一点の）資料．

国際目録原則覚書（おぼえがき）　ICP：Statement of International Cataloguing Principles

目録規則の整備などを意図して策定された，目録に関する国際的な指針．RDA や NCR2018 もこの指針に準拠している．2009 年の初版は，従来の目録法の伝統と FRBR に基づいて構築され，2016 年版（2017 年改訂）は FRBR に加えて FRAD，FRSAD の概念モデルを取り入れた．

FRAD　Functional Requirements for Authority Data

「典拠データの機能要件」と訳される．著者名，出版者名などの典拠データ（FRBR 第 2 グループ）の構造を，実体，実体の属性，実体間の関連，利用者タスク（利用者の行動）の観点から概念モデル化したもの．

FRSAD　Functional Requirements for Subject Authority Data

「主題典拠データの機能要件」と訳される．件名に相当する主題の典拠データ（FRBR 第 3 グループ）の構造を，実体，実体の属性，実体間の関連，利用者タスク（利用者の行動）の観点から概念モデル化したもの．

IFLA LRM　IFLA Library Reference Model　⇒ p.84（国際図書館連盟）

FRBR，FRAD，FRSAD の 3 つの概念モデル（合わせて FRBR Family と呼ぶ）を統合した参照モデル．IFLA によって 2017 年 3 月に公開された．

RDA　Resource Description and Access　⇒ p.47（英米目録規則）

2010 年に刊行され，世界的に利用が広がりつつある目録規則．前身は英米目録規則（AACR：Anglo-American Cataloging Rules）およびその第 2 版（AACR2）．初版は FRBR に準拠していたが，2018 年 6 月の改訂版は IFLA LRM に対応している．

日本目録規則 2018 年版　Nippon Cataloging Rules；NCR 2018 Edition
⇒ p.47（日本目録規則）

FRBR に準拠し，RDA に対応するとともに，過去の目録規則からの継続性も目指されている．

7.1 新しい目録規則

第 6 章で解説した『日本目録規則 1987 年版改訂 3 版』（以下，NCR87R3 と表す）は改訂され，現在の最新版は**日本目録規則 2018 年版**（以下，NCR2018 と表す）である．NCR2018 は，2018 年 12 月に冊子体が刊行され，2019 年 1 月に PDF 版が日本図書館協会の Web ページ上に公開された[1]．また，世界に目を向けると，英米目録規則第 2 版（AACR2 : Anglo-American Cataloging Rules 2nd Edition）が 2010 年に **RDA**（Resource Description and Access）へと更新された．

これらの目録規則は，いずれも **FRBR** という**概念モデル**に準拠している点で共通している．また，FRBR は，各国の目録規則だけでなく，目録の国際的な枠組みである**国際目録原則覚書**（ICP： Statement of International Cataloguing Principles）や ISBD（国際標準書誌記述）の統合版にも影響を与えた．したがって，FRBR に対する知識を深めることで，最新の目録規則を根底から理解することにつながると考えられる．

7.2 目録規則の標準化

第 8 章で詳述するが，書誌コントロールの一環として，国際的に目録規則の標準化が目指されてきた．近年は，コンピュータ目録が一般的であり，データの標準化は，コピー・カタロギング（コピー目録作業）への対応を可能にし，ひいては各図書館や情報機関[2] の作業の省力化へとつながるため必須である．

目録規則の標準化のためには，各国の目録および目録作業，さらには書誌データやそれを利用する者の情報探索行動の共通点を見いだすなどして，モデル化する手順が必要となる．そこで考案されたのが FRBR である．

---

[1] 日本図書館協会目録委員会，「日本目録規則（NCR）2018 年版関連情報」，日本図書館協会 Web ページ，https://www.jla.or.jp/committees/mokuroku/tabid/643/Default.aspx（2020 年 2 月 1 日参照）

[2] 研究所，情報センターの他，病院や博物館なども所蔵資料の目録を作成している場合がある．

7.3 FRBR の概要

　FRBR とは，目録の枠組みの一つであり，**概念モデル**である．1998 年に国際図書館連盟（IFLA： International Federation of Library Associations and Institutions）の FRBR 研究グループが発表した．FRBR では，まず，書誌データを利用する利用者の行動をモデル化し，4 つの段階に分解し，以下の 4 点として表している．

1. 発見（Find）	求める資料を検索する
2. 識別（Identify）	データが複数あるときに判別する
3. 選択（Select）	データが複数あるときに選択する
4. 入手（Obtain）	求める資料を入手する

　また，これ以降のモデルは，**実体関連モデル**（ER モデル： Entity Relationship Model）というモデル記述言語が用いられており，**モデル化**の対象を，「実体（entity）」とその「関連（relationship）」からなるものとしている．FRBR において，「実体」は利用者の関心の対象であり，特定のメディアやその著者，製作者などが該当する．「実体」は下記の 3 つのグループに分けられる．

第 1 グループ	知的・芸術的活動の成果（著作，表現形，体現形，個別資料）
第 2 グループ	第 1 グループに責任をもつ者（個人，団体，家族）
第 3 グループ	第 1 グループの主題（概念，物，出来事，場所）

　実体には，特徴や性質を記録するための「属性」も定義することができ，例えば「著作」の属性として，著作のタイトル，形式，成立日付などが，「著者」の属性として，著者名，著者の所属や生年月日などが挙げられる．
　また，実体ごとの「関連」についても記述することができる．例えば，「著作」とその「著者」との間には，「著作」が「著者」によって創造され，「著者」は「著作」を創造するという関連が成り立っていると表すことができる．

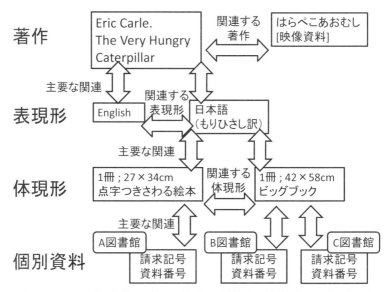

図7-1　FRBR「実体」第1グループとその「関連」の例（はらぺこあおむし）

7.4　FRBR「実体」第1グループ

　第1グループの「著作」,「表現形」,「体現形」,「個別資料」という概念は,日常的な用語とは使い方がやや異なる.

　「**著作**」（work）は「個別の知的・芸術的創造」であり,著作物などが文字などの具体的な形に表現されていない段階である.

　「**表現形**」（expression）は「著作の知的・芸術的実現」であり,著作がある言語のテキスト（文章）などによって表現された段階である.

　「**体現形**」（manifestation）は「表現形の物理的な具現化」であり,表現形が刊行物などの形で物理的に具体化された状態である.

　「**個別資料**」（item）は「体現形の単一の例示」であり,個々の（一点一点の）資料を表す.

　「著作」と「表現形」は形が無いもの,「体現形」と「個別資料」は形があるものである. 図7-1は,エリック・カールの "The Very Hungry Caterpiller"（邦題『はらぺこあおむし』）について,FRBR「実体」の第1グループおよびそれらの「関連」のうちいくつかの例を示したものである.

7.5 RDA と FRBR

RDA は目的の第一に，利用者の要求に応えることを掲げ，「発見，識別，選択，入手，理解を可能にしなければならない」としている．ここに先述した FRBR の利用者行動モデルとの共通点を見いだすことができるだろう．また，その構成においても，FRBR の各グループに基づいた表現が使用されている．

7.6 NCR2018 と FRBR

NCR2018 は，先述した FRBR や ICP，RDA の影響を受けるとともに，コンピュータ目録を前提とした規則となっている．この変化を，1つ前の版にあたる，2006 年に発行された NCR87R3 の構成と比較し，確認してみよう（表7-1）．

NCR87R3 では，「第Ⅰ部 記述」，「第Ⅱ部 標目」と，いずれもカード目録の構成を基礎としており，かつ第Ⅲ部は，主に目録カードの並べ方である「排列」に関する規則をそれぞれ掲載していたが，NCR2018 では，FRBR に合わせ「第1部 総説」，「第2部 属性」，「第3部 関連」という構成とし，扱う「実体」ごとの章立てとなっている．「関連」が重視されるようになった一方で，コンピュータ目録の場合に相対的に重要度が低くなる「排列」は扱われなくなった．

また，NCR87R3 では，「図書」，「地図資料」，「録音資料」，「映像資料」というように資料種別ごとに章立てがなされていたが，NCR2018 では，資料種別による章立ては行われていない．これは，コンテンツ（内容的側面）とキャリア（物理的側面）の混同によって，電子書籍（「電子媒体」の「図書」など）のような複数の資料種別としての特徴をもつ資料へ対応することが困難だった AACR2 から，資料種別による章立てを廃し，かつ内容的側面と物理的側面の整理を図った RDA への変化にならっている．

さらに，NCR2018 のセクション 2，3 において，FRBR などに準拠して，著作や個人などを「実体」としてとらえるとともに，典拠データを作成・管理する典拠コントロールの作業を規則上に明確に位置づけたことも NCR2018 の特徴である．

構成だけを見てもこれだけの変化がある．さらに，NCR87R3 では ISBD 区

表 7-1　NCR87R3 と NCR2018 の構成（抜粋）

NCR87R3	NCR2018
第Ⅰ部　記　述	第 1 部　総説
1 章　記述総則　　2 章　図書	第 2 部　属性
3 章　書写資料　　4 章　地図資料	＜属性の記録＞
5 章　楽譜　　　　6 章　録音資料	セクション 1　属性総則
7 章　映像資料　　8 章　静止画資料	セクション 2　著作，表現形，体現形，
9 章　電子資料　　10 章　博物資料	個別資料
11 章　点字資料　　12 章　マイクロ資料	セクション 3　個人・家族・団体
13 章　継続資料	セクション 4　概念，物，出来事，場所
第Ⅱ部　標　目	＜アクセス・ポイントの構築＞
21 章　標目総則　　22 章　タイトル標目	セクション 5　アクセス・ポイント
23 章　著者標目　　24 章　件名標目	第 3 部　関連
25 章　分類表目　　26 章　統一タイトル	セクション 6　関連総則
第Ⅲ部　排　列	セクション 7　資料に関する関連
31 章　排列総則	セクション 8　その他の関連
32 章　タイトル目録	
33 章　著者目録	
34 章　件名目録	
35 章　分類目録	

切り記号法（ISBD として定められた，データの区切り方）を重視していたが，NCR2018 では特定のエンコーディング方式（データをコンピュータ処理可能な形式とする方法．メタデータの構文的側面）を規定していない．この点はRDA も同様である．そのため，NCR2018 を採用すると決めただけでは，データ作成作業を行うことができず，用いる書誌フレームワークの選定や，入力方針の検討が欠かせない．これに関して，ICP では ISBD の有用性も示唆されている．

　一方で，RDA が AACR および AACR2 で作られた過去のデータとの継続性も考慮された作りになっているのと同様に，NCR2018 も NCR87R3 からの継続性が意識された規則となっている．

　RDA は改訂版で **IFLA LRM**（FRBR，FRAD，FRSAD の 3 つの概念モデルを統合した参照モデル）に対応したが，NCR への反映も必要性が認識されており[3]，今後なんらかの対応がなされるものと予想される．

---

[3]　日本図書館協会目録委員会．"目録委員会報告"．日本目録規則 2018 年版．日本図書館協会，2018，https://www.jla.or.jp/Portals/0/data/iinkai/mokuroku/ncr2018/ncr2018_-r_201812.pdf（2020 年 2 月 1 日参照）

また，ISBD は 2018 年から 2022 年にかけて IFLA の ISBD レビューグループによって改訂作業が行われる計画が示されており，これに基づくさらなる変化が予想される．

7.7　目録規則のこれから

2019 年の段階における日本国内の状況は，国立国会図書館が洋書，および中国語・朝鮮語を除くアジア諸言語に RDA を採用している[4]．また慶應義塾大学図書館では 2017 年 4 月から洋書に RDA を導入し[5]，2019 年 4 月からは和書にも RDA を適用している[6]．国立国会図書館は，2021 年 1 月のシステムリニューアルに向けて，NCR2018 を適用する前提で準備中である．NACSIS-CAT は，2020 年度より CAT2020 の運用開始を目指しているが，NCR2018 についての対応は 2020 年以降，対応を検討する予定である．また MARC データを受け取る図書館の側では，図書館システムの変更が求められるため，経費の問題を含め，一気に変わることは不可能であろう．今後，2021 年に予定される JAPAN/MARC データの NCR2018 対応に応じて，各図書館レベルでのシステム変更を踏まえた検討が必要であり，NCR2018 が幅広く運用されるにはもう少し時間がかかると思われる．当面は NCR1987 と NCR2018 の両方の知識が不可欠になる．

[4]　国立国会図書館．"書誌データ作成ツール"．国立国会図書館．https://www.ndl.go.jp/jp/data/catstandards/applied_rules.html（2020 年 2 月 1 日参照）
[5]　河野江津子．新目録規則 RDA の導入について．MediaNet, No.24, 2017.12, p52-55, http://www.lib.keio.ac.jp/publication/medianet/article/pdf/02400520.pdf（2020 年 2 月 1 日参照）
[6]　国立国会図書館．"平成 30 年度書誌調整連絡会議報告"．国立国会図書館．https://www.ndl.go.jp/jp/data/basic_policy/conference/2018_report.html（2020 年 2 月 1 日参照）

書誌コントロール

書誌コントロールとは，適切な情報資源を必要なときに入手できるように，書誌情報を作成し，共有し，検索できるようにしていく作業のことをいう．本章では，書誌コントロールの概要を解説する．

書誌コントロール　bibliographic control　⇒ p.46（書誌）; p.2, 46（目録）

　書誌や目録といった情報資源に関する記録の作成をコントロール（統制，管理）することで，情報資源の利用可能性を高めること．とくにその基本的な方法や具体的なフォーマットを複数の機関で共有できるように標準化していくこと．

パリ原則　Paris Principles　⇒ p.75（国際目録原則覚書）

　国際図書館連盟（IFLA）が 1961 年にパリで開催した目録原則国際会議で採択された目録作成に関する原則．目録規則の標準化を図るため，標目と記入語の選定や形式を定めている．目録法の国際的な指針として各国の目録規則に取り入れられた．

国際標準書誌記述　ISBD：International Standard Bibliographic Description
⇒ p.60 ; p.46, 60（書誌記述）; p.2（書誌情報）

　書誌情報を各国で流通・相互利用できるように整えたフォーマットの一つで，「タイトル」，「責任表示」，「版表示」などの記載順序と区切り記号法が定められている．

国際標準図書番号　ISBN：International Standard Book Number

　図書を特定するための固有の番号．日本では日本図書コード管理センターが取りまとめており，1981 年以降刊行の図書に 10 桁の ISBN が付与され始め，2007 年以降は 13 桁の ISBN に移行した．

国際標準逐次刊行物番号　ISSN：International Standard Serial Number

　逐次刊行物を特定するための固有の番号．紙媒体だけでなく，オンラインジャーナルなどにも付与される．日本では国立国会図書館が取りまとめている．

国際図書館連盟　IFLA：International Federation of Library Associations and Institutions

　図書館，書誌分野の相互協力の促進などを目的に 1927 年に結成された団体で，世界規模の書誌コントロールに力を入れている．会員は各国の

図書館協会，図書館，教育研究機関などで，日本からは日本図書館協会，国立国会図書館が機関会員として加盟している．

全国書誌　national bibliography

一国内で刊行された出版物を網羅的に収録したリスト．一般的には納本制度のもとにその国の国立図書館が作成する．日本の場合は，国立国会図書館が刊行していた『日本全国書誌』や後継の「全国書誌データ」がこれにあたる．

納本制度　legal deposit

その国で新たに発行された図書その他の出版物を1部（あるいは数部），その国の納本図書館（納本権をもつ図書館）に納めることを定めた制度．日本では，国立国会図書館法（第24条・第25条）で定められている．

国立国会図書館　NDL：National Diet Library

1948年に国立国会図書館法により設立された日本の国立図書館．第一に国会議員，第二に行政・司法部門，第三に日本国民に対してサービスを行う．納本制度により国内出版物を網羅的に収集・保存し，全国書誌などを作成する．

世界書誌　universal bibliography

世界中のすべての情報資源の情報を網羅的に収録することを目的とした書誌．スイスのコンラート・ゲスナー以降，何度か作成が試みられたが，いずれも不完全に終わっている．

8.1　書誌コントロールとは

情報資源は人類の知的活動を支える基盤である．しかし，情報資源はただそこに存在しているだけでは意味がない．それを必要とする人が，必要なときに，必要なものを利用できて初めて意味をなす．

書誌コントロールはそのために行われる作業で，適切な情報資源を，必要な人が，必要なときに利用できるように，書誌情報（情報資源についての情報）を作成，共有し，検索の仕組みを整えて，その情報資源の入手までを可能とする種々のレベルのコントロールをいう．日本語では書誌調整とも呼ばれる．

書誌コントロールには，次に挙げる3つのレベルがある．

(1) 個々の図書館レベル

　最も基本的な書誌コントロールは，一図書館のレベルで行われる．その図書館が収集した情報資源を利用者が利用できるように，目録を作成し，主題分析を通じて分類記号や件名標目を付与する．さらに装備，配架によって実際の提供に備えるまでの一連の作業である．

(2) 地域や国レベル

　利用者の様々な情報要求には，一図書館の情報資源だけでは対応しきれない．そこで必要となるのが，より広範囲の書誌コントロールである．各図書館が共通の目録法，分類法，件名法を用いることで，複数の図書館で同様の探索，利用が可能になる．そのために日本では主として NCR，NDC，BSH が用いられている．

　また，複数機関の情報資源を同時に検索できる横断検索システムや，複数機関が共同で構築する総合目録（第9章参照）も地域や国レベルの書誌コントロールとして機能する．さらに多くの国では，一国の出版物を網羅する**全国書誌**が作成されている．

(3) 国際レベル

　国際的に標準化された方法で各国の全国書誌が作成されることで，書誌情報の国際レベルでの相互利用が可能になる．国際レベルで行われる書誌コントロールは，国際図書館連盟（IFLA）やユネスコ（UNESCO）が中心となって行われている．

8.2　国際的な書誌コントロールの展開

　ベルギーのオトレとラ・フォンテーヌは，国際情報ドキュメンテーション連盟の前身にあたる国際書誌協会を 1895 年に設立した．ドキュメンテーションとは，図書館での整理技術を超え，構成書誌単位までを対象とした文献情報を，国際的に蓄積，組織化し，交換する活動のことをいう．

　彼らは 19 世紀末から世界中の文献の書誌情報をカードに集約した**世界書誌**の編纂事業に取り組んだ．この取組みは，図書や雑誌記事だけでなく，絵画や影像をも対象とするものであった．その過程で考案されたのが国際十進分類法

（第 3 章参照）で，1905 年に『国際十進分類法』第 1 版（フランス語版）として刊行された．これは『デューイ十進分類法』第 5 版を発展，展開させた分類法である．

　その後の国際レベルの書誌コントロール活動は，**国際図書館連盟**（IFLA）が中心となって行われてきた．1961 年に IFLA が主催した目録原則国際会議（ICCP：International Conference on Cataloguing Principles）では，目録の標目部分に関する国際的な標準化が合意された．この会議はフランスのパリで開催されたことから，**パリ原則**として知られている．その後，目録の書誌記述部分に関する合意もなされ，1970 年代以降，書誌記述の国際標準として，資料種別に**国際標準書誌記述**（ISBD：International Standard Bibliographic Description）が制定されていった．2009 年には，パリ原則に代わる新たな目録原則として，国際目録原則 覚 書（ICP：Statement of International Cataloguing Principles）が策定されている（第 7 章参照）．

　国際標準図書番号（ISBN：International Standard Book Number）は，図書を一意に特定する番号として一般にも知られているが，これはイギリス出版協会が作成した SBN を元にして国際的な標準化がなされたものである．日本では日本図書コード管理センターが取りまとめており，1981 年以降刊行の図書に 10 桁の ISBN が付与され始め，2007 年以降は 13 桁の ISBN[1] に移行している．

　逐次刊行物については，ユネスコ（UNESCO）が主体となって推進した**国際標準逐次刊行物番号**（ISSN：International Standard Serial Number）が学術雑誌を中心に広く採用されている．8 桁の数字からなり，紙媒体とオンラインジャーナルがある場合は ISSN も二通りある[2]．日本では国立国会図書館が取りまとめている．

8.3　国立図書館と全国書誌

　単一の世界書誌を作成することは難しいが，各国が全国書誌を整備し，イン

---

[1] 最初の 3 桁が万国共通で 978 または 979（日本は 978 のみ使用），次に出版国・言語の番号（日本は 4），次に出版者の番号，次に出版物の番号（版ごとに ISBN が付与されるので実質的にここで版レベルの出版物が特定される），最後にチェックディジット（コンピュータが入力ミスを検出するための数字）となっている．

[2] 例えば『情報の科学と技術』という雑誌は，紙媒体の ISSN が「ISSN 0913-3801」で，オンラインジャーナルの ISSN が「ISSN 2189-8278」である．

ターネットを通じてそのデータをお互いに共有できれば，全体として世界書誌
的な機能が実現していると考えることができる．

　各国の国立図書館には，**納本制度**によって国内で発行された図書その他の出
版物がすべて納められるため，国内の出版物を網羅的に把握することができる．
そのため，国立図書館がその国における最大の書誌コントロール機関として，
全国書誌の作成・提供を行うことが多い（一部例外あり）．以下にその例を述
べる．

(1) 日本の全国書誌

　日本では，**国立国会図書館**（NDL：National Diet Library）が『日本全国
書誌』[3] を作成・提供してきた．2012 年からは「全国書誌データ」として
オンライン上で提供しており，国立国会図書館の「国立国会図書館サーチ」，
「JAPAN/MARC データ」を通じて書誌データの無償ダウンロードが可能であ
る[4]．件名には NDLSH（第 4 章参照）を使用し，分類には NDLC と NDC（第
3 章参照）の両方を併記している．

(2) アメリカの全国書誌

　アメリカでは，アメリカ議会図書館（LC：Library of Congress）が作成する
アメリカ合衆国とカナダの出版物を網羅した『National Union Catalog』が全国
書誌の役割を果たしていた．現在では，LC 目録（Library of Congress Catalog）
がその役割を担っている．

(3) イギリスの全国書誌

　イギリスでは，英国図書館（BL：British Library）が，イギリスとアイ
ルランドの出版物を網羅した『イギリス全国書誌』（BNB：British National
Bibliography）を作成・提供している[5]．

---

[3] 1955-2007 年まで冊子体，2002-2011 年は Web 版.
[4] 全国書誌データ提供（国立国会図書館）https://www.ndl.go.jp/jp/data/data_service/jnb/index.
html（2020 年 2 月 1 日参照）
[5] Metadata services - The British Library　https://www.bl.uk/collection-metadata/metadata-services
（2020 年 2 月 1 日参照）

（4）ドイツの全国書誌

ドイツでは，ドイツ国立図書館（DNB：Deutsche Nationalbibliothek）が，ドイツ国内の出版物と国外で刊行されたドイツ語の出版物を網羅した『ドイツ全国書誌』（Deutsche Nationalbibliographie）を作成・提供している[6]．

（5）フランスの全国書誌

フランスでは，フランス国立図書館（BnF：bibliothèque nationale de france）が『フランス書誌』（BnF Catalogue général）を作成・提供している[7]．

8.4　書誌コントロールの課題と展望

本節では書誌コントロールのこれからを概観する．

（1）BIBFRAME

今までの図書館では，紙媒体の図書を中心に目録作成を行い，その書誌情報が流通するように目録規則などで標準化を図ってきた．しかし今日では，ネットワーク情報資源を含め，様々な媒体の情報資源が存在し，それを全て網羅する情報の組織化が必要になっている．また，従来の MARC では図書館における利用に留まってしまう．例えば MARC21 フォーマット[8]では，「245」は「タイトルと責任表示に関する事項」とタグ付けられているが，これを認識できるのは MARC21 フォーマットに対応する図書館システムに限定され，Google などの Web におけるサーチエンジンでは「245」のタグを適切に処理できない．

そこで図書館の目録情報を，図書館システムだけではなく，サーチエンジンなども処理できるかたちで提供する方法が求められている．その方法として現在開発がすすめられているのが，BIBFRAME（Bibliographic Framework Initiative）[9]である．2011 年より米国議会図書館（LC）が取り組んでおり，現行の MARC21 の後継と目されている．ここでいう書誌フレームワーク

[6] Deutsche Nationalbibliographie　https://www.dnb.de/EN/Professionell/ Metadatendienste/ Metadaten/Nationalbibliografie/nationalbibliografie_node.html（2020 年 2 月 1 日参照）

[7] BnF Catalogue général　https://catalogue.bnf.fr/（2020 年 1 月 5 日参照）

[8] 国立国会図書館．"JAPAN/MARC MARC21 フォーマットマニュアル"．国立国会図書館．https://www.ndl.go.jp/jp/data/JAPANMARC_MARC21manual_MS.pdf，（2020 年 2 月 1 日参照）

[9] Library of congress．"Bibliographic Framework Initiative"．Library of congress. https://www.loc. gov/bibframe/，（2020 年 2 月 1 日参照）

（Bibliographic Framework）とは，書誌データを流通させるための枠組みのことであり，BIBFRAME は新しい書誌データモデルとして示されている．

BIBFRAME の特徴は，Linked Data や RDF による記述を重視している点で，図書館の情報資源のみならず Web 上の様々な情報資源にも対応することが期待されている．これにより，図書館の書誌情報が Web 上のサーチエンジンでも検索できるようになり，利用者が求める情報にアクセスする機会が増えることになる．

このように目録は，それぞれ書誌情報が各図書館内で，若しくは図書館ネットワーク内でのみ扱われた時代から，Web 上の様々なコミュニティで利用されるように変化していくであろう．これを象徴的に示す言葉として「We are moving from cataloging to catalinking（我々は，カタロギングからカタリンキングへ向かっている）」[10] があり，さまざまな情報資源にリンクする書誌データ作成へと変化していくことの重要性が表現されている．今後とも BIBFRAME の動向に注意を払う必要がある．

(2) MLA 連携と情報資源組織

MLA 連携とは，博物館・美術館（Museum），図書館（Library），文書館（Archives）の間で行われる連携・協力活動を指す．もともと，博物館，美術館，文書館は図書館類縁機関として情報提供サービスの業務から協力することが意識されていたが，近年，各機関の情報資源のデジタル化と情報通信技術によって，図書館が扱う情報資源と博物館・美術館・文書館が扱う情報資源の垣根がなくなりつつある．

それぞれの機関が所蔵する情報資源を相互に利活用するためには，その情報資源の組織化においても標準化が必要になる．例えば，国立国会図書館は 2019 年 2 月に「ジャパンサーチ（試験版）」[11] を公開した．これはさまざまな分野のデジタルアーカイブが連携することで，日本の多様なコンテンツのメタデータを検索できる「国の分野横断統合ポータル」である．この実現のため，メタデータフォーマットが作成[12]，公開されている．

---

[10] Eric Miller 氏の造語．詳しくは，国立国会図書館．"ウェブ環境に適した新しい書誌フレームワーク：BIBFRAME"．NDL 書誌情報ニュースレター2016 年 2 号（通号 37 号）．https://www.ndl.go.jp/jp/data/bib_newsletter/2016_2/article_01.html，（2020 年 2 月 1 日参照）

[11] デジタルアーカイブジャパン推進委員会及び実務者検討委員会．"JAPAN SEARCH BETA"．国立国会図書館．https://jpsearch.go.jp/，（2020 年 2 月 1 日参照）

このように，図書館の枠を超えた様々な情報資源に関する利活用において，その情報を利用者の求めやすいように提供する仕組みが求められている．これも書誌コントロールの今後の課題として受け止めていく必要がある.

---

[12] 国立国会図書館. "平成 29 年度「ジャパンサーチ（仮称）」利活用フォーマット検討成果物". 国立国会図書館. https://www.ndl.go.jp/jp/dlib/standards/pdf/jps_metadeliverables.pdf,（2020 年 2 月 1 日参照）

第 9 章

書誌情報の流通

図書館のもつ膨大な情報資源を素早く正確に利用者に提供するためには，信頼性の高い書誌情報の構築が求められる．コンピュータ目録が主流の現在の図書館界を念頭に，書誌情報がどのように流通しているかを紹介する．

MARC　Machine Readable Catalog　⇒ p.2, 130 ; p.2（書誌情報）
　機械可読目録．異なるシステム間で書誌情報を受け渡す際のデータ形式を定め，そのデータ形式に則って作成された書誌データセットをいう．国立国会図書館が提供する JAPAN/MARC や，民間企業作成の MARC がある．

コピー・カタロギング　copy cataloguing　⇒ p.2
　他機関が作成した書誌情報をコピーして目録を作成すること．現在では流通する MARC データをコピーして自館のコンピュータ目録作成に利用することが多い．正確な MARC データが流通することと，そのデータを読み取って現物資料と比較し，同定できるための書誌情報の読解力が必要である．

オリジナル・カタロギング　original cataloguing　⇒ p.2 ; p.114（地域資料）
　目録作成業務において書誌情報を全て自館で作成することをいう．流通する MARC データに書誌情報が無い場合に行われる．対象資料としては，地域資料や自館作成資料，地方出版物，自費出版物，古典籍などがある．

集中目録作業　centralized cataloging
　特定の図書館や書誌作成機関が，責任をもって集中的に書誌情報を作成し，各図書館が自館の目録作成に利用できるように流通させる仕組み．日本では，国立国会図書館の JAPAN/MARC や民間 MARC がある．

共同目録作業　shared cataloging
　複数の図書館が共同作業で書誌情報を作成する仕組み．各館で書誌情報を作成するため，共通するデータフォーマットとともに，共通する目録規則が必要である．国立情報学研究所が管理する NACSIS-CAT が代表的な事例．

総合目録　union catalog

複数の図書館の蔵書目録を，まとめてアクセス可能にした目録．現在で
は，オンラインの共同目録作業で構築する形態が一般的である．日本で
は国立情報学研究所の NACSIS-CAT が代表．

書誌ユーティリティ　bibliographic utility
オンラインによる共同目録作業を行うとともに，構築された総合目録を
公開することで図書館間相互貸借（ILL メッセージ交換）などの各種支
援サービスを参加する図書館同士で行う仕組みを提供する組織．日本で
は国立情報学研究所がこれにあたる．

国立情報学研究所　NII：National Institute of Informatics
1986 年に設置された文部省学術情報センター（NACSIS）を廃止・転換
して，2000 年に開設された大学共同利用機関．国内最大の書誌ユーテ
ィリティとして，学術図書館の総合目録作成システム NACSIS-CAT（ナ
クシス・キャット），相互貸借支援システム NACSIS-ILL（ナクシス・
アイエルエル），総合目録検索システム CiNii Books などのサービスを
提供している．

CiNii（サイニィ）　Citation Information by NII
国立情報学研究所が提供する学術情報サービス．「CiNii Books」では，
国内大学の蔵書が検索できる．他に国内発行の論文・記事を検索できる
「CiNii Articles」，日本の学位論文を検索できる「CiNii Dissertations」か
らなる．

図書館間相互貸借　ILL：interlibrary loan
自館だけでは利用者の求める図書を提供できないとき，他の図書館から
図書の現物貸借，またはコピーを取寄せて利用者に提供するサービス．
あらかじめ図書館間で仕組みを取り決める他，総合目録などが整備され
る必要がある．

9.1　集中目録作業

（1）集中目録作業の意義

　集中目録作業は，特定の図書館や書誌作成機関が責任をもって集中的に書誌
情報を作成し，その書誌情報を多くの図書館が流用することによって目録を

図 9-1　集中目録作業のイメージ

作成する作業をいう（図 9-1 参照）．図書館の情報資源は，地域資料や古典籍，貴重書，自館作成資料を除けば，ほとんどが一般の出版流通過程を経て収集されたものであり，印刷による複製物である．よって，各図書館が個別に目録の書誌情報を記録するよりは，いずれかの機関で責任をもって作成された書誌情報をその他の図書館が流用するほうが，業務の効率化がはかれる．カード目録時代は印刷カードの頒布によって，コンピュータ目録時代では MARC データの**コピー・カタロギング**によって行われる．また正確かつ信頼できる書誌情報が流通すれば，各館で作成することによって起きる書誌記述のミスが無くなり，目録として利用者に正確な情報を提供できるようになる．

(2) 国立図書館と集中目録作業

アメリカでは，1901 年より米国議会図書館（LC）が他の図書館に対して自館のカード目録の印刷頒布を行った．これが集中目録作業の最初である．その後，米国議会図書館が **MARC** システムの開発を行い，LCMARC の登場によって，MARC を利用した集中目録作業が実現した．日本の場合，国立国会図書館（NDL）が 1950 年に印刷カードの頒布を始め，1981 年から図書の MARC データを頒布し始めた（JAPAN/MARC）．このように一国を代表する国立図書館が集中目録作業を行うメリットは，同機関が一国の出版文化を保存する観点から法定納本制度によって国内出版物の網羅的な収集を行っているところにある．即ち，国立図書館としての蔵書目録を作成すれば当然，それが全国書誌になる訳であり，質のよい書誌情報を安定して提供することが可能である．なお国立国会図書館の納本率は全国内の一般流通する出版物の場合，95％である．

また政府刊行物や自治体出版物などの非流通資料を収集している点は重要である．一方，地方の出版物や地域資料，各図書館の自館作成資料，自費出版物など，一般の出版流通に乗りにくく納本されない情報資源は含まれない．また外国語図書も十分とはいえない．そこで，集中目録作業でカバーできない情報資源については，各図書館が**オリジナル・カタロギング**（自館作成目録）で，書誌情報を目録に繰り込む必要性がある．

(3) JAPAN/MARC と民間 MARC

MARC には，民間会社の作成するものがある．商用 MARC とも呼ばれ，取次会社トーハンのトーハン MARC や図書館流通センターの TRCMARC が代表的な事例である．

JAPAN/MARC が膨大な量の情報資源が納本されてからデータ作成するのに対して，民間 MARC は出版社から提供される出版前情報などを元に MARC データの作成をしており，提供の早さが特徴である．例えばトーハン MARC の場合，書籍の発売日までに 98％の MARC データを作成し提供している[1]．さらに，民間 MARC は，本の納品とともにセットで MARC データが納品されることが多い．業者が資料装備を請け負うなど各種図書館支援サービスとパッケージで MARC が提供されれば，図書館側の業務削減につながるため，導入する公共図書館も多い．ただし，民間 MARC は有償であり，図書館は MARC データを購入しなければならないため，図書館費が削減されつつある公共図書館や使える費用が元々少ない学校図書館では，その費用が重い負担になる．

国立国会図書館の提供する JAPAN/MARC は 2019 年 4 月から，無償提供されており，誰でも自由に利用できるようになった．また情報を付加するなどの二次利用も可能である[2]．納本から 4 日で新着書誌情報を提供し，1 か月で完成書誌情報を提供している[3]．さらに 2018 年からは日本出版インフラセンター（JPO）の近刊情報（発売前の書誌情報）に公共図書館の選書に必要な情報を付加して，全国書誌情報と同じフォーマットで速やかに提供できるようになった．MARC データは MARC21 フォーマットで作成され，MARC 形式や

---

[1] TOHAN．"図書館サポート"．https://www.tohan.jp/works/library/．（2019 年 12 月 25 日参照）
[2] 国立国会図書館．"書誌データの利用ルール"．https://www.ndl.go.jp/jp/use/metadata/index.html．（2020 年 2 月 1 日閲覧）
[3] 国立国会図書館．"全国書誌データ提供"．
https://www.ndl.go.jp/jp/data/data_service/jnb/index.html．（2020 年 2 月 1 日参照）

MARC タグ形式，DC-NDL（RDF），TSV 形式などで提供されている．

　但し，JAPAN/MARC データを導入するためには，図書館システムが JAPAN/MARC をダウンロードできる仕様になっていることが必要である．現状の図書館システムが JAPAN/MARC データをダウンロードできない場合は，メーカーによる図書館システムのバージョンアップやシステムリプレイス（他社製品からの乗り換え）のタイミングに，JAPAN/MARC データの利用を検討する必要がある．

(4) JAPAN/MARC の今後

　国立国会図書館は日本目録規則（NCR）を管理してきた日本図書館協会の目録委員会と同目録規則の検討を行い，2021 年 1 月から『日本目録規則』2018 年版を国立国会図書館の目録情報に適用するための基準などを作成中である．詳細は国立国会図書館の該当するウェブページで報告がなされているが，これによって JAPAN/MARC データの利用についても大きな変化が生じることが予想される．現実に JAPAN/MARC データのダウンロードサイトである NDL-Bib は 2020 年 12 月でサービスを終える予定である．それに伴い，書誌情報提供サービスの役割が NDL サーチ中心になり，現在提供されているいくつかのダウンロード形式も終了になるという [4]．国立国会図書館が公表する情報を今後も注視する必要がある [5]．

9.2　共同目録作業（分担目録作業）

(1) 共同目録作業

　共同目録作業は，複数の図書館が協同して書誌情報を作成する仕組みである（図 9-2 参照）．参加館は各館で資料整理の際に共同目録作業で構築された**総合目録**を検索して，その資料の書誌情報があれば，それを元にコピー・カタロギングによって自館の目録を作成する．もし総合目録に書誌情報が無ければ，目録規則と書誌フォーマットに基づいて，新規に書誌情報を作成し，総合目録に

---

[4] 国立国会図書館収集書誌部．"国立国会図書館書誌データの利活用：新しいサービス・今後の変更点を中心に"．
https://www.ndl.go.jp/jp/event/events/lff2019_forum1.pdf#page=16，（2020 年 2 月 1 日参照）

[5] 国立国会図書館．"NDL-Bib サービス終了"．
https://www.ndl.go.jp/jp/library/news/20190802_04.html，（2020 年 2 月 1 日参照）

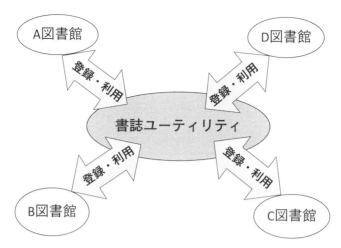

図9-2　共同目録作業のイメージ

登録する．こうして構築された総合目録の MARC データは参加館が相互に利用でき，また総合目録を中心に，**図書館間相互貸借**など各種サービスが展開される．このようなオンラインによる共同目録作業を通して各種図書館サービスの基盤となる仕組みを提供する機関を**書誌ユーティリティ**という．

　なお，共同目録作業では，書誌情報の品質管理は目録を作成する各参加館に委ねられるため，書誌フォーマットや目録規則を十分に理解し，それを正確に運用できる担当者の存在が不可欠である．各図書館が責任をもって質の高い書誌情報を作成するためには，担当者の研修教育は不可欠であり，この点で書誌ユーティリティの果たす役割は重い．

(2)　国立情報学研究所（NII)

　国立情報学研究所（National Institute of Informatics）は，目録作成システムである NACSIS-CAT（ナクシス・キャット）の運営や，総合目録である **CiNii Books**（サイニィ・ブックス）などの学術情報の共有サービス事業などを行っている書誌ユーティリティである．

　オンライン共同分担目録方式の総合目録データベースである NACSIS-CAT は，1985 年に運用が開始された．この運営組織として東京大学に文献情報センターが 1983 年に設置され，1986 年には独立して学術情報センターとなった．2000 年，改組して国立情報学研究所が設置された．学術情報環境の整備に関

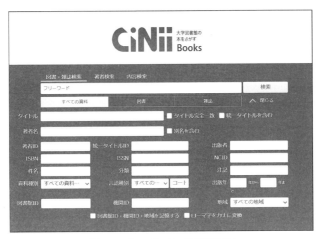

図 9-3　CiNii Books の検索画面

図 9-4　NACSIS-CAT の業務用検索画面事例

わる事業の他，情報学の総合研究所としても，様々な研究・開発に携わっている．

（3）CiNii Books

　全国の大学図書館の蔵書を検索できる，総合目録データベース．NACSIS-CAT のデータを基にした，公開用のデータベースである．国立国会図書館デジタルコレクションなど，外部データとの連携もあり，国内の専門書を探すのに最も有効なツールのひとつとなっている．（図版 9-3，9-4 参照）

　詳細データの画面では，書誌データが表示された下部に資料の所蔵館一覧が表示される．（図版 9-5 参照）これにより，総合目録としての役割を果たしている．

図 9-5　CiNii Books の検索結果画面（所蔵情報が表示される）

　また，ヒットしたデータは参考文献リスト形式で書き出すことができ，論文執筆時には有効である.

　1997 年，NACSIS-CAT の公開用データベースとして Webcat が一般公開された. 全国の大学図書館の蔵書を検索できるツールが一般公開されたことは，画期的なこととして受け止められ，公共図書館や一般利用者にも広く利用されるようになった. 2011 年には CiNii Books に引き継がれ，文献検索の基本的なツールとなっている.

(4) NACSIS-CAT と入力業務

　大学図書館・研究機関が参加する総合目録データベース. 参加機関によるオンライン共同分担方式で書誌データを作成しており，特定の書誌データに所蔵館の所蔵データがリンクされる構造となっている. 2019 年 3 月 31 日現在で，海外機関も含めて 1337 機関が参加している.

書誌データを作成する際には，JAPAN/MARC，TRC MARC などの外部の MARC を参照することができる．これら外部の書誌データを利用して NACSIS の書誌データを作成することを，流用入力という．実際の業務では，書誌データをゼロから入力するオリジナル・カタロギングは少なく，ほとんどの書誌データは，流用入力（コピー・カタロギング）によって作成されている．

　NACSIS-CAT のデータ作成における規則には，「目録情報の基準　第 4 版」と「コーディングマニュアル」がある．これらの規則は，日本目録規則 1987 年版改訂 3 版（NCR1987R3）と英米目録規則第 2 版（AACR2）に準拠している．外部 MARC から流用入力で書誌データを作成する際には，NACSIS の上記 2 種の規則に則ったデータに修正しなければならない．担当する職員は，これらの規則を紐解きながら登録作業を進めている．

　NACSIS-CAT で構築されたデータは，相互利用システム NACSIS-ILL で活発に利用されている他，一般公開の CiNii Books としても提供されている．いずれも，NACSIS-CAT の高度な書誌データ管理によって，信頼性の高いサービスが提供されている．

(5)　今後の動向：CAT2020

　稼働以来，NACSIS-CAT は重複した書誌データの存在を許さず，書誌調整作業により厳しく書誌データの品質を維持してきた．稼働した 1980 年代は印刷体の資料が対象であったが，現在では学術情報資源は電子ジャーナルなどの電子資料が普及するようになり，印刷体と電子資料の発見性を統合したシステムが求められるようになった．また，社会情勢により，目録データベースの構築を維持管理する NII と図書館側の業務合理化が必要となった．2020 年 6 月より，NACSIS-CAT は運用方針を大きく変え，書誌調整作業を廃止し，外部 MARC の直接利用を認めるなど，ダイナミックな軽量化・合理化に踏み切る．この新システムは CAT2020 と通称され，2019 年 5 月にテストサーバが公開された．これにより各参加館では，新機能の検証作業を行っている．

　新システムのあり方を検討してきた NII と大学図書館では，将来は，単なる情報資源の目録だけでなく，電子ジャーナルなど電子情報資源の外部のデータセットを統合して使用できるシステム構築を目指すとしている．

　情報環境の変化により，求められる目録データベースの在り方は変化してゆく．しかし，必要とされる情報を迅速に，的確に利用者へ届けるという図書館

の使命は変わることはない．図書館員には，過去の蓄積を継承しつつ，情勢の変化を見極めて対応していく姿勢が求められている．

第10章

装備と配架（排架）

目録作成・分類付与が終了した資料・情報資源は，利用のために装備を施され，書架上の所定の位置へと配架（排架）される．ここでは配架の基本と，実際の図書館における組織化から配架の流れを紹介する．

配架（排架）　shelving　⇒ p.13（書架分類）
　資料を書架に並べること．現代の図書館では，資料の主題によって配架するのが一般的であり，分類記号を利用して配架順序を決める．

別置　separate placement　⇒ p.114（地域資料）；p.114（視聴覚資料）
　資料の形態や資料種別，利用方法に応じて一般書と分けて配架すること．児童書，レファレンスブック，地域資料は利用の観点から別置されることが多い．また視聴覚資料や大型本などは，資料の形態から別置される．

請求記号　call number　⇒ p.22
　資料の背に表示され，書架上の位置を示すとともに資料を探す際の目印となる．請求記号は分類記号と図書記号から構成される．一般的にラベルに記したものを資料の背に貼付する．

図書記号　book number　⇒ p.22
　請求記号を構成する．著者を表す著者記号に資料の巻数または，受入順を示す受入番号を表記する場合もある．

著者記号　author mark
　著者名を記号化したもの．同一の分類において，さらに著者名順の排列を行うために付与する．著者名の頭文字をカタカナや仮名で表記する頭文字式（初字式）と『日本著者記号表』によるものがある．カタカナ表記は公共図書館や学校図書館で利用されることが多い．

日本著者記号表　Japan author mark list
　著者名を記号化するもの．アルファベット1字とアラビア数字2字から構成．大学図書館や大規模図書館で利用されることが多い．森清編．日本図書館協会刊行．

別置記号　separate placement mark
　一般の資料とは別に配架する資料であることを示す記号．背にラベルを貼付したり，分類記号にアルファベットを組み合わせて表示することもある．

10.1　資料の装備

　装備に関しては，『日本十進分類法』（NDC）や『日本目録規則』（NCR）な
どに規定はなく，図書館ごとに事情に合わせて方法を定めている．

　図書の場合，図書館の所蔵を示す蔵書印，図書の背に貼付し書架上の位置を
示す**請求記号**，図書の登録を示すとともにその貸出返却など各種管理に用いら
れるバーコード，もしくは IC タグが装備される．

　蔵書印は標題紙に押印することが多かったが，近年ではバーコードラベルに
図書館名を入れる代わりに蔵書印を押さない事例や，図書の小口に図書館名の
押印をする場合もある．

　請求記号は，分類記号と**図書記号**からなり，多くの図書館では図書記号とし
て**著者記号**が採用されている．著者記号は著者名の頭文字をカタカナで表記す
る頭文字法か，アルファベットと数字からなる『**日本著者記号表**』が用いられ
ることが多い．頭文字法は利用者の利便性の点から学校図書館や公共図書館で
用いられることが多く，大学図書館や大規模な公共図書館では『日本著者記号
表』を利用した著者記号を付与することが多い．『日本著者記号表』では，外
国人名も原綴りを反映でき，多言語の資料をもつ図書館にとっては有効である．

　バーコードラベルは，図書の ID ナンバーとして図書本体に貼付し，目録の
所蔵データにも記録される．この図書 ID ナンバーが目録の所蔵データと図書
そのものを結びつける．これによって貸出・返却の際にバーコードリーダーに
よる貸出・返却処理が簡単に行えるとともに，自動貸出機なども利用できるよ
うになる．このバーコードラベルのかわりに IC タグで管理する場合は，電波
により IC タグに記録された図書 ID ナンバーを読み取る．電波による読み取
りのため，バーコードのように一冊ずつ読み取る手間がなく，数冊をまとめて
センサーで読み取ることも可能である．自動書庫などでは IC タグによる図書

管理によって，出納の自動化を図っている．

　他の装備品として，資料の不正持出しを防ぐための磁気テープ（タトルテープ）を貼付する場合もある．

　ブックポケットやブックカードはコンピュータ化により使われなくなってきた．ブックカードは貸出履歴が他者に分かってしまうため，利用者の秘密を守るという意味でもふさわしくない．既存のブックカードは除去していく必要がある．

10.2　登録

　以下では登録，装備，配架の流れを町田市立図書館の事例で解説する．

(1)　見計らい選定

　町田市立図書館では，見計らい方式を採用して選定会議を行っている．見計らい方式は，選書判断をリストなどの二次資料ではなく，現物を見て行うものである．見計らい方式のメリットは資料そのもので判断できるという，より確かな選書になることである．「装丁は地味かもしれないけれど，索引が充実して良さそうだ．」など，現物の情報に勝るものは無く，郷土資料の発見にも役立っている．また，こうやって培われた資料の知識は，そのまま職員の能力向上につながるというメリットもある．購入資料だけでなく，寄贈資料でも見計らいを行っており，例外は直販しか行っていない資料だけなので，全点見計らいと呼ばれる．

　町田市立図書館の場合，図書資料の主な購入先は地元書店であるが，見計らい資料の送品については取次会社が地元書店に協力する形で行う．年度初めに取次会社と図書館とで細かい打ち合わせをし，送品の内容をある程度決めておく．取次会社はほぼ毎日，新刊資料の中から図書館の要望に合いそうな資料をピックアップして送品する．図書館でも利用者からの予約や自発的に選んだ資料を取次会社に随時注文しており，それらも別便で送品される．取次会社が新刊をピックアップしてくれるので，図書館が注文する図書は発売から1週間以上過ぎたものが対象になる．

（2）資料の提供時間

　見計らい選定で蔵書とすることが決まった資料は，図書館システムへの登録と装備までの工程を全て図書館内で行う．そのことで各工程がスムーズになるため，提供までの時間が短縮される．選定会議は週1回あり，次の選定会議までにほぼすべての装備を終らせるため，新刊見計らい資料が提供されるまでの時間は，長くても2週間以内になる．また，図書館システムに登録した際，予約の有無も分かるため，予約のある資料を先に装備するなどの工夫も行っている．

（3）MARCと図書館システムへの登録

　町田市立図書館でも電算システムを導入しており，この図書館システムへの登録を行う．書誌情報の内，図書については業者提供のMARC（2019年現在はトーハンMARC）を活用している．これは発売日と同じ又はそれより早いタイミングで書誌データが提供されるので，受け入れが決まった資料は書誌作成作業や注文作業無しですぐ登録できるという利点がある．このスピードが重要であるため，JAPAN/MARCの導入を検討するには民間MARCと同様，刊行と同時のスピードでデータ提供されるという前提が必要である．

　なお，雑誌や視聴覚資料，行政資料などはオリジナル・カタロギングであり，図書館職員がMARCデータを作成する．

10.3　装備

（1）資料番号を表す3つのコード

　図書館システムによる蔵書管理が行われている図書館では，資料番号が付与されている．多くはバーコードであり，ICタグを活用するところもあるだろう．町田市立図書館では，この2つに加え「カラーコード（カメレオン）」という3つ目のコードも導入している．

　「カラーコード（カメレオン）」はバーコードの一種といえる．最大の特徴は，二次元かつ色付きにすることで，高さ10mm，幅3mmという非常にコンパクトな面積で資料番号を表示できることにある（口絵1参照）．コンパクトになり請求記号と同じく本の背に貼ることができたことで，本棚に置かれたまま資料の番号が読み取れるようになった（口絵2参照）．ラベルをずらしながら背

表紙の文字が読めるように工夫して貼付している点にも注意したい．書架に並んでいる資料の場合，利用者にとっては，背表紙の文字こそが，資料にアクセスする上での唯一の手がかりだからである[1]．

　蔵書点検ではスマートフォンを使い，それぞれ本棚に置いたまま番号が読み取りできるようになったことで，本棚から出してバーコードリーダーで読み取るよりおよそ 1.5 倍早くなり，期間の短縮と省力化が可能になった（口絵 3 参照）．また，予約棚では向かいの本棚に監視カメラを置いて番号を読み取りさせることで，IC 棚を設置することに比べコストダウンを実現できた．

　「カラーコード（カメレオン）」は予約棚のコストダウンと，蔵書点検のスピードアップ，省力化を行うという役割を担う．「バーコード」は下に数字もあることで，図書館職員による目視が容易なため，資料管理をはじめとした職員の業務に使われている．「IC タグ」は電波による広範囲な読み取り機能を活用し，セルフ貸出・返却および，無断持出防止に活躍している．町田市立図書館ではこの 3 つのコードにそれぞれの役割をもたせて活用している．因みにこれら 3 つのコードに表されているのは資料番号だけで，利用者番号などの個人情報に繋がるものは一切入ってはいない（唯一 IC タグだけは，無断持出防止用のコードも入っている）．

(2) コード以外の貼付物とフィルムによる保護

　この 3 点のコード以外では，「館内」又は「貸出用」シールがある．これはレファレンス資料に代表される，館内閲覧資料があるエリア用のシールである．このエリアの資料に，貸出できるものも「貸出用」と表示することで，利用者に対し貸出の可否を明示する役割をもっている．

　図書館では，不特定多数の利用者への提供のため，資料を保護するフィルムを貼付する．汚破損や水濡れにも強いので，一般的な資料には必ずフィルムをかけている．しかし，糊付けされることにより，長期的視点に立つと資料劣化の原因となるため，地域資料など貴重な資料についてはフィルムをかけずに保存するということも行っている．また，雑誌のように長期の保存を考えていない資料も，資料全面ではなく各種コードを含む貼付物にだけフィルムをかける

---

[1] 背文字の重要性については次の文献を参照のこと．浪江慶．"満腔の賛意と若干の批判：『中小都市における公共図書館の運営』によせて"．図書館そして民主主義：浪江慶論文集．まちだ自治研究センター編．ドメス出版社，1996，p.109-119．

などの簡易な装備をすることで，手間の削減とフィルム代の節約を行っている．

(3) 貼付物と図書情報の保持

　各種のコードやその他貼付物シールは，一定のルールで貼付される．図書の
バーコードの場合は左手で背をもった際に上面になる表紙の下部に貼付する，
背に貼付するカラーコード（カメレオン）の場合は下から 2cm ～7cm の間に
収めるなど，これらは管理上止むを得ない対応である．

　しかし，これらの貼付に伴い，資料本体の情報は多少なりとも隠されてしま
う．図書館としては，表紙の装丁を含めた情報をできるだけ利用者に提供でき
るような装備になるよう心掛けている．例えば，絵本の表紙は，きれいな装丁
がなされているが，バーコード類によってそれが損なわれないようにできるだ
け余白を探すようにしている．

　また，見返しに絵などの情報を入れている資料がある．これがカバーの折り
返しによって隠されている場合，フィルムでコーティングしてしまえば利用者
がその情報を見ることができなくなる．この場合，カバーの折り返しに情報が
無ければ，折り返しをカットしてフィルムをかける．この他，資料についてい
る帯も資料の情報を表すものとして極力残すようにしている．例外は，文庫の
ように帯によってカバーの情報の大部分を隠してしまうものや，テレビ放映日
など特定の期日があるものが挙げられ，これらの帯は取り外している．

10.4　配架

(1) 配架のルール

　町田市立図書館の請求記号は「別置記号」，「分類番号」，「著者記号」で構成
され，この順で探せるようになっている．「分類番号」は数字順に，「著者記
号」は五十音順に並べられる．この配架ルールによって利用者には探しやすく，
職員には**配架**しやすいようになっている．

　請求記号の枠は，主題によって枠を色分けし，返却後の資料の仕分けや配架
において目視しやすい工夫をしている（口絵 4 参照）．別置記号の有無に関係
なく色分けされており，利用者への案内にも活用できるが，今後はカラーユニ
バーサルデザインへの配慮も併せて必要である．

表 10-1　別置記号の一覧（町田市立図書館の場合）

B	文学の文庫	R	レファレンス
L	大活字本	M	地域資料
S	児童図書研究書	F	洋書
Y	ヤングアダルト	JF	児童図書洋書
YB	ヤングアダルト文学の文庫	SF	児童図書研究洋書
J	児童図書	RF	レファレンス洋書
H	障がい者サービス資料		

（2）別置記号

　分類記号順＋著者記号順に配架することで，似た主題の資料をまとめることができ，調べものにも役立つのだが，児童書や辞書類など利用対象や利用方法で分けて配架した方がより使いやすいということで**別置**される「別置資料」がある．これを表すのが「**別置記号**」である（表 10-1 参照）．ほとんどが利用対象や利用方法で別置しているが，「文学の文庫」のように，書架のスペースの有効活用の意味ももつものもある．

（3）サインによる工夫

　請求記号に表される情報以外にも別置が存在する．書庫に保管されているものが主なものであるが，これも OPAC の所蔵情報により書庫である事を表示できるのでそれほど問題はない．

　他には大型の資料や全集などは，書架の有効活用や，安全面からも別置が必要である．これらは書架案内図や**書架サイン**，代本板 2) などを活用している．しかし，それらは請求記号の情報や OPAC などでは確認できず，直接書架で確認する必要があるものもあるため，利用者へは職員に声をかけていただくようお願いしている．

---

2)　代本板：貸出中や製本中のため書架上で不在になっている図書や，別置になっている図書の代わりに書架に入れておき，その図書がどのような状態あるいはどこにあるのかを知らせる．

第 11 章
多様な情報資源の組織化

現代の図書館ではコピー・カタロギングが主流だが，コピーだけですべてが完了するわけではない．とりわけ，地域資料や絵本，視聴覚資料などは，各館独自の組織化がなされていることが多い．また，学校図書館における情報資源の組織化もやや特殊な状況下にある．

地域資料　local material

　図書館の所在地に関わる資料の総称．郷土史，郷土人の著作，郷土の出版物などから成る郷土資料と，その地の自治体が刊行する地方行政資料に分けられる．地域資料の収集，提供は公共図書館の重要な業務とみなされている．

地域資料の組織化　organization of local materials　⇒ p.94（オリジナル・カタロギング）

　地域資料にはMARCデータがないものも多く，その場合は図書館員が独自に書誌情報を作成しなければならない．地域や主題を詳細に特定するため，その館独自の分類表が作成，利用されていることも多い．

絵本の組織化　organization of picture books　⇒ p.22, 106（図書記号）；p.106（別置）

　Eなどの独立した分類記号に，出版社名順，書名順，画家や写真家の姓の順などになるよう，その館独自の図書記号が付与されることが多い．さらに対象年齢や内容による別置も行われる．子どもたちに分かりやすく配架する必要がある．

視聴覚資料　audio-visual material

　レコード，CD，カセットテープなどの録音資料と，マイクロフィルム，ビデオテープ，LD，DVDなどの映像資料のこと．近年はCDとDVDが主流．

視聴覚資料の組織化　organization of audio-visual materials

　CDの分類には，独自分類やNDCの他，「NHKレコード分類表」や「TRC音楽分類表」が用いられる．DVDは，NDCでは778（映画）に集中してしまうため，ここを独自に細分化する対応がなされることが多い．

学校図書館における組織化　organization in school library

学校図書館のデータベース化率は高くないため，今後もしばらくはカード目録などの理解が必要である．分類は NDC が一般的だが，3 桁以上の記号を付与すべきである．件名は，現場に即した独自のものを付与することも求められる．

11.1　各館独自の組織化

　現代のほとんどの図書館は，コピー・カタロギング，すなわち，他機関が作成した MARC データを自館のデータベースにコピーすることによって目録を作成している．しかし注意しなければならないのは，コピーだけですべてが完了するわけではないということである．

　コピー・カタロギングといえども，図書記号，受入年月日，管理用の ID などのローカルデータの入力は必須である．また，分類記号や件名標目の調整が必要となる場合も少なくない．シリーズでまとめて配架していたり，別置を行っていたり，独自の分類記号や件名標目を付与していたりする場合がある．後述するように，とくに絵本や視聴覚資料は各館独自の組織化を行っていることが多い．

　加えて，コピーによって入手したいデータがコピー元となるデータベースにそもそも存在していないということもある．特定地域でしか流通していない地方出版物がその典型だが，自費出版された資料や外国語の資料，新聞記事の切り抜きなどの自館作成資料も含まれる．こうした情報資源はその図書館でオリジナル・カタロギングを行う必要があるが，冊子体や PDF などのかたちで独立した目録として運用されている場合もある．

11.2　地域資料の組織化

(1)　地域資料とその収集

　図書館が地域に関する知識や情報を提供するためには，地域資料が欠かせない．ここでは図書館法第 3 条にある「郷土資料，地方行政資料」を**地域資料**の定義とする．郷土資料には地域の団体が作成した郷土史，自治体の住民や出身者が出版した著作，地図，タウン誌，映像資料など地域に関係する多様な資料

が該当する．地方行政資料には自治体が刊行する資料，例えば広報紙や議会議事録，計画書，自治体史，パンフレットなどが該当する．

　図書の新刊情報を確認する際，地名や河川名，人物名など地域に関するキーワードに気を配り，地域資料を収集する．出版社を通さずに個人で作成した刊行物や自治体のパンフレットなどは一般の出版物のような流通経路にのらない．このような資料を灰色文献と呼び，地域の図書館が所蔵すべき貴重な資料である．発行された時期を逃すと入手が困難となるため，普段から新聞やタウン紙に掲載される情報に目を通すこと，自治体内の各部署および外郭団体への寄贈の協力を呼びかけることが大事である．近年はウェブサイトのみで公開される行政資料もみられる．そのような場合は図書館で印刷して収集する．

　なお，図書館には近隣自治体の行政機関や団体，個人からも資料が寄せられる．これら全てを地域資料として扱うのは，人的負担や書架の収容能力の点から難しい．そのため，図書館で定めている資料の収集方針に基づいて選別し，受け入れることが望ましい．

(2) 地域資料の組織化

　地域資料にはMARCが作成されていないものも多い．その場合，図書館員が独自に書誌情報を作成する．利用者からみるとMARCの書誌情報と図書館で作成した書誌情報との区別がつかないため，独自に書誌情報を作成する場合は図書館で利用しているMARCの書誌情報に沿った形式となるよう留意する．

　記述については，NCRなど各館で用いる規則に準じて作成する．利用者や図書館員が求める情報にたどりつくために，注記に地名，図，人物などの詳細情報を入力し，索引語とするとよい（図11-1）．

　分類はNDCをそのまま用いる場合と，独自に付与する場合とに分かれる．神奈川県平塚市図書館の独自分類では，地方行政資料は「地域記号」＋「アルファベット1文字」＋「数字1文字」の組み合わせで分類している（表11-1）．例えば『公民館だより』という刊行物の場合，平塚市の「H」，文化行政の「W」，公民館の「6」で「HW6」という分類となる．一方，郷土資料はKから始める2桁の地域記号とNDCの3桁を組み合わせて付与している．例えば平塚市関係者の小説の場合，「KH913」となる．

　件名はBSHに従って付与するが，NDLSHに準拠する場合や，独自の件名を付与する図書館もみられる．

図11-1 地域資料の詳細情報を入力する画面
出典：（株）サン・データセンター　CLIS Ver3.1

　書誌情報の作成ができたら，背ラベル，バーコードの貼り付けなどの装備を行う．広報紙やリーフレットなど，単体での保存や提供が難しいものは，製本をしたうえで提供する（図11-2）．

　地域資料の検索にあたっては，特定の資料および情報に結び付く索引語を手掛かりにする．索引語だけでなく地域資料の分類を併せて検索すると時間短縮につながる．索引語の付与が適切になされていると，レファレンスの対応時に役立つ．

　地域資料は「地域資料コーナー」などに別置すると，資料が1か所に集まり，調べやすくなる．ただし，はじめての利用者には場所が分かりづらい可能性があるため，館内の案内図やサイン，地域に関連するパスファインダーで表示することが望ましい．

表11-1　平塚市図書館の行政資料の分類一覧

※頭の「－」には　「H」：平塚市　「O」：神奈川県　「T」：県内の他市町村が付く
　　例：平塚市の歴史一般＝「HB0」

A　知識・情報
－ A0　知識・情報一般
－ A1　書誌・目録
－ A2　一般論文・講演集
－ A3　雑誌
－ A4　新聞・広報紙
－ A5　研究調査機関
－ A6　叢書・全集

B　歴史
－ B0　歴史一般
－ B1　通史
－ B2　原始・古代
－ B3　中世
－ B4　近世　江戸
－ B5　近代（明治・大正期）1868 － 1926
－ B6　昭和　1927 － 1945
－ B7　昭和（戦後）1945 －

C　地誌・文化財
－ C0　地誌一般
－ C1　地域案内
－ C2　地名
－ C3　地図集
－ C4　街道・宿場
－ C5　文化財
－ C6　遺跡・埋蔵文化財
－ C7　相模国府・国分寺
－ C8　宗教・社寺
－ C9　伝記・人名録

D　風俗・民俗
－ D0　風俗・民俗一般、風俗史、民俗誌
－ D1　衣食住の習俗
－ D2　社会・家庭生活の習俗
－ D3　通過儀礼・冠婚葬祭
－ D4　年中行事・祭礼・芸能
－ D5　郷土の工芸
－ D6　民間信仰
－ D7　伝説・民話
－ D8　方言・言語

E・F　行政
－ E0　地方行政一般
－ E1　行政と個人
－ E2　住民・市民
－ E3　公務員
－ E4　政党

－ E5　警察
－ E6　消防
－ E7　基地問題
－ E9　組織・機構

－ F0　自治体沿革
－ F1　行政概要
－ F2　長期計画
－ F3　世論調査
－ F4　広報・広聴
－ F5　市勢要覧
－ F6　行政事務
－ F7　姉妹都市
－ F9　外国の行政・国際交流

G　財政
－ G0　財政一般
－ G1　財政政策
－ G2　財政史・事情
－ G3　財務
－ G4　予算・決算
－ G5　租税一般
－ G6　地方税
－ G7　補助金
－ G8　地方債
－ G9　公有財産

J　議会・選挙
－ J0　議会一般
－ J1　議員
－ J2　議会史
－ J3　議会報
－ J4　議案書
－ J5　議事録
－ J7　選挙一般
－ J8　国政選挙の記録
－ J9　地方選挙の記録

L　法律
－ L0　法律一般
－ L1　法律総覧
－ L2　各法解説書
－ L4　司法・裁判所
－ L7　判例集
－ L9　自治体例規集

N　経済
－ N0　経済一般

118

- N1　所得
- N2　経済史・事情
- N3　経済政策
- N4　人口・土地・資源
- N5　企業
- N6　事務所
- N7　物価
- N8　金融・保険

P　産業
- P0　産業一般
- P1　農林水産業
- P2　商業一般・統計
- P3　商店
- P4　貿易
- P5　技術・工業一般・統計
- P6　鉱業・建設業・製造業
- P7　観光
- P8　通信

Q　統計
- Q0　統計一般
- Q1　総合統計書
- Q2　人口統計
- Q3　国勢調査

S　社会問題
- S0　社会問題一般
- S1　生活・消費者問題
- S2　婦人・家庭問題
- S3　児童・青少年問題
- S4　老人問題
- S5　社会病理
- S6　社会保険
- S7　生活保護
- S8　心身障害者福祉

U　労働・医療
- U0　労働一般
- U1　労働条件
- U2　労働組合・労働運動
- U3　医療・衛生一般
- U4　医療・衛生年報
- U5　医療・衛生問題
- U6　医療・衛生施設

V　教育
- V0　教育一般・統計
- V1　教育史・事情
- V2　教育行財政
- V3　学校・幼稚園一般

- V4　学校経営
- V5　教育課程
- V6　障害児教育
- V7　社会教育
- V8　社会体育（スポーツ）

W　文化行政
- W0　文化行政一般
- W1　図書館・図書館類似施設
- W2　県図書館協会
- W3　博物館
- W4　美術館
- W5　文学館
- W6　公民館
- W7　その他の文化施設
- W8　文芸・美術

X　都市問題
- X0　都市問題一般
- X1　都市政策
- X2　交通・運輸
- X3　住環境
- X4　上・下水道
- X5　清掃
- X7　建設・建築
- X9　公園・緑地

Y　公害・災害
- Y0　公害・環境問題一般
- Y1　大気
- Y2　水質
- Y3　土壌
- Y4　騒音・振動・地盤沈下
- Y5　その他の公害
- Y6　災害一般
- Y7　自然災害誌
- Y8　戦災誌
- Y9　防災

Z　自然科学
- Z0　自然科学一般
- Z1　数学
- Z2　物理学
- Z3　化学
- Z4　天文学・宇宙科学
- Z5　地球科学・地学・地質
- Z6　生物科学・一般生物学
- Z7　植物学
- Z8　動物学
- Z9　医学

図 11-2 『公民館だより』を製本して提供（製本したものが右）

11. 3　絵本の組織化

　絵本は児童書の中でも絵を主体とした読み物として，知識の本や読み物の本とは分けられる．絵の特色を生かすため，読み物と比べ，一般的に判型は大きく，画一的な形態をとらない．分類は絵本という独自の分類記号（【E】など）を当て，図書記号をつけて配列することが多い．書店に多い出版社名順の配架は本の大きさが揃えやすく，シリーズがまとめやすい利点がある．また，書名順の配架も本のタイトルから探す子どもたち利用者の便から使用されることも多かった．現在では，児童書の読み物が著者名順に配架されるのと同様に，絵本では画家や写真家の姓の順に配架されることが多い．

　外国人の画家の表記は統一されず，別人と認識されてしまうことがあるので（例として同一人物であるトミー・ウンゲラーとトミー・アンゲラー），著者名典拠などを利用し，同一作家の図書記号は同じにする配慮もしたい．また，複数作家による著作について，図書記号はそのうち代表一人を決めてとるか，複数作家は図書記号をとらずに絵本の分類のみにするか決めておく．

表 11-2　よく別置される絵本

対象年齢により 別置されるもの	赤ちゃん絵本（乳幼児絵本，0〜3歳向け絵本）
形態により 別置されるもの	大型絵本
	小型絵本
内容により 別置されるもの	昔話絵本
	のりもの絵本
	科学絵本
	かず
	ことば
	美術
	バリアフリー絵本（LLブック，点字絵本，布絵本）
	からだとこころ（「からだといのちの図書コーナー」）

　また，対象年齢や内容による別置や，主題に踏み込んだコーナー作りが行われることも多い．その場合，本には別置シールを貼付し，データ上では配架場所コードなどを変えて管理する．別置の際は，仕切り板やピクトグラムなどのサインで示すなど，子どもたち利用者に分かりやすく配架する必要がある．

　よく別置される絵本には，次のようなものがある（表 11-2）．

　「からだといのちの図書コーナー」は健康医療に関する絵本を，わたしのからだ，いのちのリレー，生と性，病気と障害，大切な人とのわかれ，動物といのち，環境，戦争，いじめと人権などのテーマタイトルの表示をし，配架したものである．本のタイトルからだけでは分からない主題をもつ絵本を活用しやすくする効果がある．

　これら別置は本の内容をよく知っており，フロアワークの中で子どもに本を手渡してきた職員の経験を書架に反映させたものであり，子どもたち利用者への情報支援の役割を担っている．蔵書の規模，利用傾向を考慮しながら取り入れたい．

11.4　視聴覚資料の組織化

　近年，情報メディアの急速な進展により，図書館でも視聴覚資料は重要な情

報資源として積極的に収集しつつある．図書館が扱う**視聴覚資料**は，録音資料（レコード，CD，カセットテープなど）および映像資料（マイクロフィルム，ビデオテープ，LD，DVD など）である．今日，多くの図書館で CD，DVD が視聴覚資料の大半を占めていることから，かつて主流だった形態による分類，受入順による配架方式では十分に機能しなくなっている．

　CD，DVD の目録は NCR に従って記入されているものの，分類・配架は統一した規定がないため，各館の判断に委ねられているのが実情である．CD については，公共図書館では独自分類や NDC 分類の他，「NHK レコード分類表」に準じる館もある[1]．近年は「TRC 音楽分類表」を採用する館も多い[2]．TRC 分類法は NDC の 760〜769 の音楽区分を細分化し，講談，語学，効果音などの分野も加えることで録音資料の全分野を網羅したものである．各館ではこうした分類をもとに，それぞれ請求記号や配架を決定している．

　DVD については，分類および配架は図書と同様 NDC 順に並べる館もある．ただし，DVD の特性として NDC778（映画）の分類に情報資源が集中するため，ここを細分化，あるいは別置するなど，独自分類で対応する例が多い．もちろん，NDC とは全く異なる分類・配架をする図書館も少なくない．所蔵点数の多寡にもよるが，利用者にとって探しやすい分類・配架を構築することが重要であり，将来的には統一した視聴覚資料の分類規程も必要となろう．

　ところで，図書館では視聴覚資料の貸出，とりわけ DVD の貸出率が非常に高い．こうした状況は，情報資源がいつも貸出中で書架に並んでおらず，利用者にとって所蔵の有無を把握することが難しいということを意味する．そのため，視聴覚資料を装備するに当たっては，外側のパッケージケースと内側の現物入りプラスチックケースに分け，貸出されても外側のケースが書架に残るようにするのが望ましい．この方式であれば，図書館員も利用者も書架を見るだけで所蔵の有無や貸出状況を簡単に把握できる．

　なお，CD，DVD はディスク面に傷がつくと読み取れなくなるため，専用の研磨機を常備し適宜メンテナンスをする必要がある．また CD，DVD ケースのツメ（ディスクを固定させる部分）が硬い場合，取り出し時にディスク中央の円孔部に割れが生じる恐れがある．装備の際はケースのツメにも留意すべき

---

[1] 埼玉県立図書館．https://www.lib.pref.saitama.jp/stplib_doc/kensaku/bunrui/rokuon.html（2020 年 2 月 1 日参照）

[2] 岡山県立図書館．http://www.libnet.pref.okayama.jp/shiryou/CD.htm（2020 年 2 月 1 日参照）

図 11-3　津島市立図書館制作の地域資料 DVD と装備

である.

　近年，地元の祭礼や自治体広報などのレコード，ビデオテープを CD，DVD
に再編集し，それらの音源や映像を地域資料として図書館で収集する例が見
られる．また，愛知県津島市立図書館のように，旧家に眠っていた戦前の 16
ミリフィルムを図書館がデジタル化し，新たに DVD として制作する例もある
（図 11-3）[3].

　いずれの場合も各館の方針に沿って組織化することになるが，旧来の方法に
拘泥することなく，常に利用者目線に立った分かりやすい分類や配架を構築し
なければならない.

11.5　学校図書館における組織化

　本節では学校図書館における情報資源の組織化について解説する．学校図書
館における組織化は，学校図書館を担当する司書教諭や学校司書のみならず，
学校図書館や学校教育を支援する公共図書館側でも周知しておくべき事柄であ

---

[3]　「津島の戦前，いきいき　景観，風俗の映像貸し出し　市立図書館」朝日新聞（尾張知多
　　版），2012 年 10 月 13 日

る.

(1) 学校図書館における組織化の法的根拠

　学校図書館は，学校図書館法によってその設置が義務付けられており，学校教育において欠くことのできない基本的な設備である．学校図書館法第 4 条には，「二　図書館資料の分類排列を適切にし，及びその目録を整備すること.」とあり，学校図書館における資料組織業務の法的根拠となっている．

(2) 学校図書館の役割と組織化の意味

　学校図書館は児童生徒や教職員をその利用対象とし，その教育課程に資することが学校図書館法第 2 条に明示されている．公立図書館は 3200 館程度しかないので，多くの児童生徒にとって身近な図書館が学校図書館である．しかし，学校図書館はそこを利用することが最終目的ではない．学校図書館の目的は，将来にわたって図書館を使い続け，自ら必要な情報を収集選択できる，情報化社会における自立した個人の育成である．そのため，児童や生徒が図書館の仕組みを知る中で，分類や目録の活用方法をスムーズに身につけられるように配慮することが大切である．学校図書館で用いられる目録規則や分類法が他図書館と同じであれば，学校図書館の利用体験で習得した分類や目録の使い方が公共図書館などもっと大規模な図書館でも活用できる．

(3) 学校図書館における目録作成業務

　学校図書館における目録作成には，目録規則として『日本目録規則』（NCR）が用いられており，蔵書のデータベース化が進んだ学校図書館では，MARC データを外部から取り込むかたちで目録作成を行っている．この点では一般的な図書館と同じである．但し学校図書館は，その平均蔵書数が小学校 8920 冊，中学校 1 万 784 冊，高等学校 2 万 3793 冊（平成 27 年度公立学校の事例）[4] である．この数値自体は学校図書館の役割を考えれば決して満足のいくものではないが，その規模は 1 万冊から 2 万冊程度であり，コンピュータ化を図るとしても学校図書館向け，若しくは小規模図書館向けの図書館システムパッケージの導入が必要になる．近年ではクラウド管理を導入して，サーバな

---

[4]　文部科学省．“平成 28 年度「学校図書館の現状に関する調査」の結果について”．https://www.mext.go.jp/a_menu/shotou/dokusho/link/1378073.htm，（2020 年 2 月 1 日参照）

どにかかる初期投資を抑えた図書館システムも登場しており，インターネットにつながる環境と，業務用と利用者閲覧用のパソコンを準備できれば，蔵書のデータベース化は可能である．

　国立国会図書館は 2019 年 4 月から JAPAN/MARC データの無償ダウンロードを開始しており，データの改変も認められている．MARC データの無償化は，図書館費用の極めて少ない学校図書館にとっては朗報である[5]．標準的な書誌データを目録作成に活用できる上に，NDC による分類や BSH と NDLSH による件名も付与されており，目録業務の軽減化が図れる．また独自に項目を追記することも可能であり，調べもの学習で活用できるような注記（地名や人物の情報など），児童生徒が使いやすい優しい言葉の件名付与などが考えられる．

　なお，JAPAN/MARC データの無償ダウンロードには，導入する図書館システムが書誌データの取込機能を実装していることが必要である．国立国会図書館では，「国立国会図書館書誌データ対応システム一覧」[6]（2019 年 7 月現在，33 社 44 システム掲載）を提供しており，図書館システムの導入，バージョンアップ，またはリプレイス（他社製品への交換）においては考慮したい．

(4) 学校図書館における分類件名付与業務

　学校図書館における分類付与では，『日本十進分類法』（NDC）を用いるのが一般的である．これは，他の図書館との分類上の連携を意識しているからである．かつて高等学校を除いては第二次区分（2 桁）でよいと考えられていたこともあったが，公共図書館との平行利用を考えれば第三次区分（3 桁）を原則にすべきである．このことは『日本十進分類法』新訂 10 版の使用法解説にも明記されている．メダカ（487.71），ニワトリ（488.4），ウサギ（489.48），ネコ（489.53）を第二次区分で表すと全て動物学（48）で一つの分類になってしまう．この事実からも最低でも第三次区分を適用すべきであるべき理由は明らかであろう[7]．

　件名については，MARC データに付与されている件名が必ずしも学校図書

---

[5] 　国立国会図書館．"全国書誌データ"．https://www.ndl.go.jp/jp/data/data_service/jnb/index.
html．（2020 年 2 月 1 日参照）

[6] 　国立国会図書館．"全国書誌データ提供－国立国会図書館書誌データ対応システム一覧"．
https://www.ndl.go.jp/jp/data/data_service/jnb/system_list.html．（2019 年 12 月 25 日参照）

[7] 　中山美由紀．日本十進分類法（NDC）がわかると図書館が見えてくる．図書館雑誌.
2019, 113(12), p.802-803.

館の利用に適していない場合もある．学校図書館向けの件名標目表としては，全国学校図書館協議会より「小学校件名標目表」第2版（2004年刊），「中学・高校件名標目表」第3版（1990年刊）が刊行されている．このようなツールを参考にして学校現場に即した件名を独自に付与することが求められる．

(5) 学校図書館における組織化の現状

公共図書館や大学図書館における組織化は，コンピュータを利用した図書館システムによる蔵書データベースを構築するのが一般的であるが，学校図書館においては，その状況は遅れている．

文部科学省実施の平成28年度「学校図書館の現状に関する調査」[8]によれば，公立学校の学校図書館における蔵書のデータベース化率は，小学校1万9604校中73.9%，中学校9427校中72.7%，高等学校3509校中91.3%である．

この事実は，学校図書館においては未だカード目録が健在であるところが少なからずあるということであり，カード目録を作成し，維持する技能は未だに必要であるといえよう．学校図書館に必置される司書教諭は，公立学校の場合は定期的な人事異動があり，赴任先の学校図書館ごとに環境が大きく変わる可能性がある．蔵書のデータベース化率が100%になるまでは，カード目録とコンピュータ目録の双方に対する理解が必要であると心得ておくべきである．

学校図書館に図書館システムを導入する場合は，画面の表示に用いる言葉を分かりやすい表現にカスタマイズし，入力方法をタッチパネル入力やキーボード方式のいずれかがよいのかを考慮する必要がある．また導入方法には，学校単位で導入する他に，教育委員会が自治体単位で同じシステムを導入することもある．他校と同じシステムを導入して，さらに地域の公共図書館ともネットワークを構築し，学校図書館同士での情報交流や公共図書館の支援につなげている事例もある．例えば神奈川県座間市においては，学校図書館のコンピュータ化について最初の段階から市立図書館が関わり，システムの連携を図り，学校図書館と市立図書館の蔵書を統一的に検索できるシステムを構築している[9]．目録の連携から，様々な図書館サービスの連携や支援が可能になることを考えれば，学校図書館に図書館システムを導入する際にはこうした先駆的事例を多

---

[8] 文部科学省．"平成28年度「学校図書館の現状に関する調査」の結果について"．https://www.mext.go.jp/a_menu/shotou/dokusho/link/1378073.htm，（2020年2月1日参照）

[9] 座間市立図書館．"学校図書館との連携"．https://www.library.zama.kanagawa.jp/content/renkei.html，（2020年2月1日参照）

いに参照して検討してみるべきであろう.

第 12 章

OPAC

現代の図書館における目録情報の提供には，コンピュータを利用する場合が一般的である．本章では，コンピュータ目録の情報を利用者向けに提供する仕組みとしての OPAC（Online Public Access Catalog）について解説する．

OPAC　Online Public Access Catalog　⇒ p.2
オンライン利用者閲覧目録．コンピュータ目録の情報を利用者向けに検索できるようにした仕組み．オパックまたはオーパックと呼ぶ．

MARC　Machine Readable Catalog　⇒ p.2, 94
機械可読目録．異なるシステム間で書誌情報を受け渡す際のデータ形式を定め，そのデータ形式に則って作成された書誌データセットをいう．

Web OPAC　⇒ p.2
OPAC を Web 上で利用できるようにしたもの．

図書館システム　library system　⇒ p.2
複数の図書館が利用者サービスのために連携協力関係を作るその組織体をいう場合と，図書館業務やサービスを行うシステムをいう場合がある．本章では後者の意味で使う．

統合図書館システム　integrated library system　⇒ p.2
図書館業務全体に対応した図書館システム．主要サブシステムとして蔵書管理システム，予算管理システム，統計処理システム，目録システム（OPAC），貸出返却システム，発注・受入システムからなる．

Web アクセシビリティ　web accessibility
高齢者や障がい者を含め，誰もが Web ページで提供される情報や機能を支障なく利用できるようにすることをいう．

12.1　OPAC とは

図書館業務のコンピュータ化が進み，書誌的記録が **MARC** データ（機械可読目録）として蓄積されるようになると，目録の検索もコンピュータを利用するようになった．特に利用者向けに設計されたものが **OPAC** であり，利用者閲覧目録，または利用者閲覧端末などの名称で呼ばれることもある．

従来のカード目録では，標目が唯一のアクセスポイントであり，著者標目，

タイトル標目, 分類標目, 件名標目からのみ検索が可能であった. OPAC の場合は, MARC データを活用して上記の標目以外の書誌的記述からも検索が可能になった. 論理演算やトランケーションを活用した検索や, 複数のアクセスポイントを組み合わせた検索を活用した多様な検索も可能であり, 利用者によるより高度な検索が可能になった.

12. 2　Web OPAC の登場

　OPAC は登場時には各図書館内での利用に留まっており, 検索の利便性は向上したものの, カード目録時代と同じくその図書館に行かなければ蔵書検索ができなかった. しかしインターネットの普及につれて, OPAC の Web 経由での検索が可能になり **Web OPAC** が登場した. Web OPAC は当初, 蔵書検索が中心であったが, やがて検索結果の資料に対して, Web OPAC のページ内で予約サービスを申し込めるようになるなど, 利用者へのサービス範囲が拡大するようになった. その結果, Web OPAC を通して図書館の提供する情報提供サービスの可能性が広がりつつある.

12. 3　OPAC の設計

　図書館が**図書館システム**を導入する際は, コンピュータシステムを開発するメーカーの提供する図書館システムパッケージを利用して構築される. この図書館システムには OPAC 機能も付加されている. そこで, 実際の導入においては各図書館の担当者とメーカー側のシステムエンジニアが図書館システムの仕様について相談し, 図書館ごとにカスタマイズが行われる. この際, OPAC にどのような機能を盛り込むかは, 利用者ニーズを熟知した図書館側担当者にかかってくる.

　例えば入力方法では, 大学図書館の OPAC ではキーボードによるローマ字・ひらがな入力などが主流であるが, 公共図書館の OPAC では画面タッチ方式によるひらがな入力の OPAC もある. また子どもの利用のために表示をひらがなで分かりやすくする配慮もある. このように OPAC の設計では, 各図書館の利用者層やそのニーズを踏まえた上での独自の工夫が見られる.

　さらに利用者の情報検索行動を分析し, どのような検索方法が求められるか

も考慮しなければならない．Google などのサーチエンジンによる検索が一般化すると，同じインターネット上の Web OPAC にも同様の簡単な検索が求められるようになった．その結果，「簡単検索」としてフリーワード検索が導入され，図書館 Web サイトのトップページ内に「簡単検索」の窓口を設けてより簡便に検索できるような工夫も登場した．これは検索方法としては簡単であるが，検索結果にノイズが入りやすく，特定の資料を検索するには「詳細検索」画面を選択する必要がある．

　また OPAC の設計では，**アクセシビリティ**を考慮する必要性もある．2016年 4 月から「障害者差別解消法」が施行され，国公立の機関には「合理的配慮」が義務化された．日本図書館協会では「図書館における障害を理由とする差別の解消の推進に関するガイドライン」（2016 年）が公表されており，図書館の Web ページについてのガイドラインを示している[1]．現在運用されている図書館の Web ページでは，画面情報の音声読上げや，コントラストの変更，文字の拡大などで視覚に障害のある利用者への対応も普及し始めた[2]．また，公共図書館のように幅広い利用者に対応するためには，OPAC の入力方法に画面タッチ方式とキーボード方式の両方を用意する必要がある．子どもの利用を考慮すれば，やさしい日本語での表示も必要であろう．日本語を母語としない利用者のためには，日本語以外に複数言語による画面情報の表示変換機能も備えることを考慮したい．さらに Web OPAC の場合，閲覧する端末に応じて，スマートフォン対応などの画面表示の工夫も標準的になった．最寄りの公共図書館の事例を確認してみてほしい．

12.4　新しいサービスの展開

　以下に，OPAC の新しいサービスがどのように開発され提供されているのか，

[1] 日本図書館協会障害者サービス委員会．"図書館における障害を理由とする差別の解消の推進に関するガイドライン"．http://www.jla.or.jp/portals/0/html/lsh/sabekai_guideline.html#5-7，（2020 年 2 月 1 日参照）
[2] 例えば，京セラコミュニケーションシステム株式会社（KCCS）が開発した公共図書館システム ELCIELO（エルシエロ）は，総務省「みんなの公共サイト運用ガイドライン 2016年版」に準拠した画面レイアウトで，音声読み上げソフトへの対応，見やすさを考慮した配色，UD フォントへの対応などの面で Web アクセシビリティを確保し「カラーユニバーサルデザイン検証合格証」および「ウェブアクセシビリティ規格（JIS X 8341-3:2016）適合証明書」を取得した OPAC である．https://www.kccs.co.jp/news/release/2016/1215/（2020年 2 月 1 日参照）

実例として，和光大学附属梅根記念図書・情報館（以下，和光大学図書・情報館）の例を紹介する．

　和光大学図書・情報館では，2017 年秋に NEC ネッツエスアイ株式会社の E-CatsLibrary6.0 へのバージョンアップ（OPAC 含む）を実施した．

(1) OPAC のリプレイスやバージョンアップについて

　技術は日々進歩しているため，一度システムを導入したら終わりということはない．日常のメンテナンスや小規模なバージョンアップ対応の他，新しいバージョンがリリースされる度，または，3 年，5 年などその図書館で決めているサイクルで，バージョンアップやシステムリプレイス（他社製品からの乗り換え）などの大きな事業を実施することが多い．和光大学図書・情報館では，大体 5 年のサイクルでリプレイスまたはバージョンアップを行っており，2012 年秋に E-CatsLibrary4.0 へシステムリプレイス，2017 年秋に E-CatsLibrary6.0 へのバージョンアップを実施した．実施に際しては，予算や状況に合わせて，システムのみ，ハードも一部のみなど，内容や規模を調整して行っている．

(2) OPAC のカスタマイズ

　和光大学図書・情報館は，学生への学習支援をサービスの中心に位置づけており，2017 年のバージョンアップでは，学生が画面を見ただけで使用方法をイメージできること，OPAC の利用がそのまま学習のサポートに繋がることを意識し，以下のような機能を追加した．
- ・OPAC とポータル（マイページ）を同じインターフェイス上で接続（シームレスな利用が可能）
- ・レスポンシブウェブデザイン（スマートフォン，パソコンなど端末に合わせた画面表示）
- ・辞書参照機能と関連語の表示
- ・書誌事項の参考文献向けフォーマットでの出力
- ・和雑誌のタイトルごとの目次情報機能
- ・OPAC 検索結果から契約している電子ジャーナルへのリンク
- ・ポータル機能の強化（Web レファレンス，施設利用申込など）
- ・検索タブに協力貸出協定対象である公共図書館を追加

ここでは，以下，3 点について取り上げる．

①辞書参照機能と関連語の表示

　資料を検索するとき，学生はまず課題などで出されたキーワードを入力して検索するが，キーワード自体の意味や定義をしっかり把握していないことがある．そこで，資料検索と同時に，キーワードの意味なども確認できたらよいのではないかと考えていたところ，メーカー側から辞書項目や関連語の表示の提案があり，和光大学図書・情報館で契約している辞書系データベース「ジャパンナレッジ Lib」の中から「日本大百科全書」の辞書項目を表示することになった．「ジャパンナレッジ Lib」のうちどのコンテンツを表示するかについては，授業やレポート課題などで利用が多いと思われるキーワードを図書館員がいくつか実際に検索し，一番多く網羅していた「日本大百科全書」を選んだ．

　また，学生は検索には慣れているが，検索結果が少ない，または多すぎる場合，うまく必要な資料にたどり着けないこともある．そこで，キーワードを広げたり，狭めたりするヒントにもなるよう OPAC の検索結果の横にウィキペディアから関連語を表示することにした．先ほどの辞書項目の表示が契約上学内のネットワークからのみとなるため，関連語の表示リソースは，学外からでも表示されるウィキペディアを採用した（図 12-1）．

②書誌事項の参考文献向けフォーマットでの出力

　和光大学の図書館員は，教員と連携した授業や講習会の業務も担当している．レポート作成の授業の現場で，学生たちが OPAC の書誌データをコピー＆ペーストして，苦労しながら参考文献リストに並べ替えているのを目にしていたので，今回のバージョンアップでは，初めから参考文献リストのかたちで出力できるようにしたいと考えていた．

　メーカー側と相談したところ，これまであった書誌データのファイル出力機能に，参考文献リストの作成に必要な情報だけをこちらが指定する順番で出力できることが分かった．そこで，図書館員が雛型を作成し，新機能として提供できるようにした．簡単なようだが，巻次や訳者をどのようにするのかなど，さまざまなケースを試し，現在のかたちに落ち着いた（図 12-2, 図 12-3）．

③検索タブに協力貸出協定対象である公共図書館を追加

　和光大学図書・情報館は公共図書館（町田市立図書館，川崎市立図書館）と協力貸出の協定を結んでいる．自館で未所蔵だった場合，それぞれの OPAC を検索しなおすのは手間なので，2 館の OPAC も同時に検索できるよう，検索タブに両図書館の OPAC を追加した．OPAC は学内者だけでなく，誰でも利用

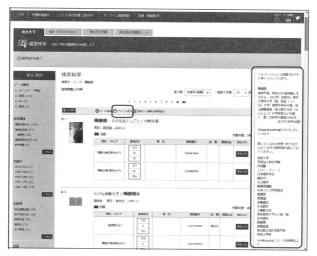

図 12-1　OPAC 画面　例「梅根悟」

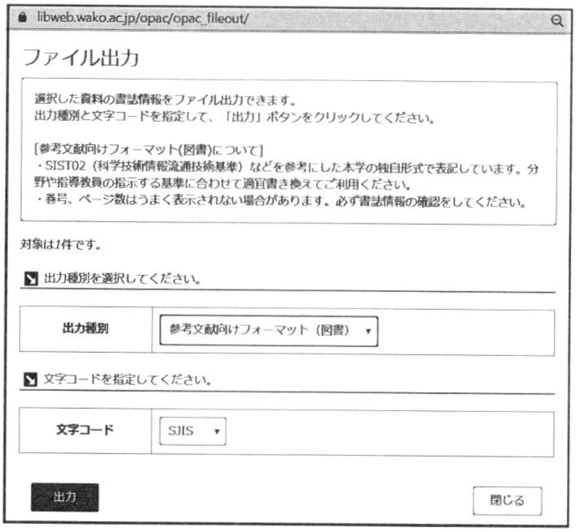

図 12-2　ファイル出力画面

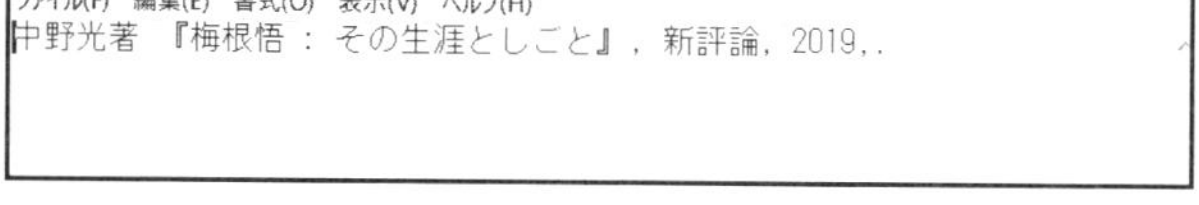

```
ファイル(F)　編集(E)　書式(O)　表示(V)　ヘルプ(H)
中野光著　『梅根悟 : その生涯としごと』，新評論，2019,.
```

図 12-3　参考文献向けフォーマット（図書）ファイル出力結果

できるため，和光大学図書・情報館と両市で共催している市民向けの講座などでも紹介し，学外者にも活用してもらっている．

(3) OPAC の設計で心掛けたこと

関連語の表示以外にも，検索語候補が表示されるサジェスト機能（もしかして○○）や，書架で探しやすいように本の背ラベルに貼付している請求記号のラベルを見たままのかたちで表示するなど利便性を高める工夫を行った．また，ポータル（マイページ）機能から，レファレンスの相談を行う機能を追加した．ポータル機能では，ILL や購入希望の申込も利用でき，こうした申込には学籍番号・氏名・連絡先などが自動で表示される．便利な反面，個人情報に係るところなので，情報の利用についての確認方法や当該情報の扱い自体にも配慮が必要である．

画面の設計では，OPAC の見た目や情報量も利用のしやすさに直結するため，なるべくすっきりさせるよう心掛けた．色合い[3]や表示内容[4]について細かく要望を出し，調整を行った．なお，入力方法については，キーボードの他，「入力補助」アイコンを押すと別画面で開く補助入力画面も用意した（「12.3 OPAC の設計」参照）．補助入力画面は，入力のしやすさに配慮して，清音のみならず濁音なども直接マウスで操作できるようになっている（図 12-4）．

できること全て，あるもの全てをつい盛り込みたくなってしまうが，システムを熟知した図書館員ではなく，普段使い慣れていない利用者が使うことを常に意識し，まず利用者が使うもの，必要とするものに絞るよう心掛けた．

なお，今回は，図書・雑誌・視聴覚資料の検索を行う OPAC を紹介したが，所蔵資料に加え，和光大学図書・情報館が提供するデータベース・電子ジャーナルを一つのインターフェイスでまとめて検索することができるディスカバリーサービスも実施している．

(4) 図書館システムの設計における図書館員の役割について

図書館の体制としては，システム担当者だけが検討するのではなく，各業務

---

[3] 一例：メニューバーの色の他，ポータルログイン時と，ログインしていない時がはっきり分かるよう，ログイン時は画面右上に鮮やかなレモンイエローでログアウトボタンを表示した

[4] 一例：広報のため，デフォルトでは画面下となっていた Twitter のアイコン表示を目につきやすい右上のヘルプ，入力補助の並びに移動させた

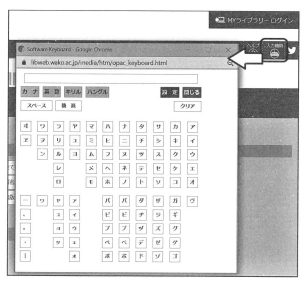

図 12-4　トップ画面及び入力補助画面

　の担当者で分担して検討し，それぞれの課題と要望をシステム担当者がまとめ，メーカー側と調整を図った.

　利用者が自分たちの図書館に何を求めているか汲み取ること，利用者に自分たちの図書館をどのように使ってもらうのか考えることは，現場の図書館員でなければできない. 普段から，図書館全体で要望やアイデアをストックしておき，新システム導入時などに，新サービスに繋げることは図書館側のシステム担当者の重要な仕事である. そして，そのためにもメーカー側と上手くコミュニケーションを取っていく必要がある. 例えば，雑誌の各号の内容を OPAC 上で見られないか掘り下げて相談したことがあった. メーカー側は，他館はもちろん関連会社の情報も多くもっているため，デジタルコンテンツ会社との連携・調整が可能となり，和雑誌のタイトルごとの目次情報の表示が実現した.

　メーカーの提供するパッケージをそのまま導入するのではなく，自館の実状や要望を伝え，メーカー側エンジニアから提案してもらう，または，一緒に解決し，よりよいサービスへ展開していくことは，図書館システム担当者の醍醐味である. 自館で生み出した機能が，他館にも広がり，図書館全体の進歩に繋がってゆくこともある.

　今回はバージョンアップの事例であるが，システムリプレイスにより業者そ

のものの入れ替えを行う場合は，現在の機能がそのまま移行でき，より機能が強化できるか，図書館側の要望を取り入れて対応できる体制があるか，日常的なサポート体制がどうなっているか，また将来的に他社へリプレイスを行う際にもトラブルなく進められるかなど，事前に確認しておくことが大切である．

第 13 章

ネットワーク情報資源の組織化

印刷媒体の資料だけでなく，インターネット上にも学術情報は流通している．そのような情報も図書館の提供する情報資源として捉え，組織化することで利用者ニーズに応えることが望まれる．本章ではネットワーク情報資源の組織化の現状を紹介する．

ネットワーク情報資源　network resources
インターネットなどのネットワークで共有される電子化された情報資源．一般的に情報資源作成機関のサーバに保管された情報資源にアクセスして内容を閲覧するため，図書館自体が情報資源のオリジナルを所有していない．

学術雑誌　journal
学術論文が掲載される雑誌のこと．研究者による研究成果の発表は，論文が学術雑誌に掲載されることによって公表されたとみなされる．どの雑誌に掲載されたか，ということも研究者の評価につながる．

オープンアクセス誌　open access journal
Web 上で無料公開された学術雑誌．営利企業である出版社が公開するオープンアクセス誌をゴールド・オープンアクセスという．対して，研究者自らが機関リポジトリなどに登録し，無料公開することをグリーン・オープンアクセスという．

査読　referee
学術雑誌において，論文の掲載の可否を審査する制度．雑誌の質を維持する制度とみなされている．査読者が掲載に適格と判断すれば掲載されるが，不適格と判断された場合は，論文はリジェクト（却下）される．

紀要　bulletin
大学や研究機関で発行する研究報告．定期的に刊行されるため，学術雑誌とみなされる．掲載する論文に査読を行っていない機関もある．

機関リポジトリ　institutional repository
大学や研究機関が，所属する研究者の生産した学術論文を Web 上で無料公開する取り組み．公開には著作権者の許諾が必要になる．学術情報の流通において，オープンアクセスの重要な位置を占めている．

メタデータ　metadata

データのデータ（data about data），データの属性・付帯情報のこと．図書館情報学では書誌情報とも呼ばれる．メタデータは検索の対象になる．

ダブリンコア　Dublin Core Metadata Element Set
代表的なメタデータの枠組みの一つで，15の基本記述要素によって構成されている．OCLCの所在地である米国オハイオ州ダブリンで開催された会議で制定されたことが名称の由来．

サーチエンジン　search engine
Webページや画像など，Web上の情報を検索するためのプログラム．

サブジェクトゲートウェイ　subject gateway
インターネット上の情報資源の中から有用性・信頼性が高いと思われる情報を集めてデータベース化し，閲覧・検索をできるようにしたもの．

ウェブアーカイブ　web archive
Webページを対象に保存を行う活動・サービス．

フォークソノミー　folksonomy
一般の人々（folk）が自由にタグ付けを行うことによって実現する分類法（taxonomy）．よく知られたものとしてTwitterやInstagramにおけるハッシュタグがある．

13.1　ネットワーク情報資源とは

ネットワーク情報資源はインターネットを介して提供される情報資源のことである．具体的には電子ブック，電子ジャーナル，機関リポジトリなどに収録される著作・論文，ウェブサイトなどの情報であり，紙媒体の電子化の他，ネットワーク上に情報資源のオリジナルがある場合も多く見られる．従来の紙媒体・印刷による情報資源に比べて，ネットワーク環境があれば情報資源を幅広く伝播することが可能であり，データのコピーや加工も容易であるため，そのニーズは高まっている．『公立図書館の任務と目標』（日本図書館協会）では，「図書館は，住民が外部ネットワークの情報資源へ自由にアクセスできる環境を整備する」とあり，図書館はその重要性を認識して，利用提供のための仕組みを構築している．

さらに学術情報についても電子化が進んでおり，電子ジャーナルや機関リポ

ジトリによる公開が進むことで，紙媒体の情報資源とネットワーク情報資源が混在している．またネットワーク情報資源は図書館の外部に存在することが多く，それを利用者の情報要求に応じて，適切に素早く探し出し提供するためには，ネットワーク情報資源の情報検索を容易にするための組織化が必要性である．

13.2 電子ジャーナル

インターネット上で閲覧できる**学術雑誌**のこと．多くは大学が出版社と購読契約を締結し（購読料を支払い），学内 LAN に接続した PC から閲覧が可能になる．それに対し，無料公開の**オープンアクセス誌**も増加している．

外国雑誌の電子ジャーナルは，出版社ごとに数千点の雑誌を含む大規模な契約が多い．国内雑誌の電子ジャーナルでは，医学関係の「医中誌 Web」，「メディカルオンライン」などが著名である．また，学会誌や**紀要**を対象とした「J-STAGE」も多く利用されている．J-STAGE は，CiNii Articles の検索結果からも本文リンクが表示されるため，アクセスが容易である．

冊子だと投稿・**査読**・出版といったプロセスには時間がかかるが，電子ジャーナルはそのタイムラグが短いことも特徴である．電子ジャーナルの登場により，検索が容易になり参照できる文献が増えたため，研究者にとっては研究のスピードが格段に早くなった．

13.3 機関リポジトリ

学術雑誌は，冊子でも電子ジャーナルでも，図書館界は数十年にわたり購読料の価格高騰に悩まされてきた．学術雑誌は代替物がないため市場原理が働かず，出版社は強気の価格設定を行っている．この状態を打開するため，研究者や大学がインターネット上でセルフ・アーカイビングを行い，学術論文を無料公開する動きが1990年代半ばから現れた．大学や研究機関が，所属する研究者の学術論文を無料公開する取り組みを，**機関リポジトリ**という．いわば公開保存庫として，学術文献のオープンアクセスの一翼を担っている．

機関リポジトリで論文を公開するには，著作権者である著者や出版社の許諾が必要である．日本においては，査読済みの学術論文よりも，著作権処理の容

図13-1　機関リポジトリリンクの事例（CiNii Articles）

易な紀要論文の公開が多い.

　近年は，紀要の発行を大学の機関リポジトリへの掲載をもって代えることが増えている．投稿時にリポジトリの掲載許諾を同時に著者から取れば，手続きは簡便である．対して，過去に発行した論文をリポジトリに掲載する際には，別途許諾を取る必要がある．このため，古い論文の掲載はなかなか進んでいないのが実情である.

　国内の文献を探す際には，CiNii Articles を検索すると，機関リポジトリで無料公開している文献は本文リンクが表示される（図13-1）．また，Google Scholar でも機関リポジトリ公開論文が検索できる．無料で迅速に入手できる文献が増えたことは，利用者にとって発見・入手の可能性を大きく広げるものとなっている.

13.4　メタデータとメタデータ・スキーマ

　メタ（meta-）とは「高次の」「超」などの意味をもつ接頭辞である．よっ

て，**メタデータ**は「データのデータ」，「データについてのデータ」（data about data）を意味する．データの属性・付帯情報といってもよい．

例えば本というデータについてのデータは，タイトルや著者名，出版者名などである．このそれぞれがメタデータであり，図書館情報学において書誌情報と呼んできたものと合致する．しかし，昨今の技術革新や情報環境の飛躍的な発展により，本の書誌情報以外の，例えばオンライン上の情報についてのメタデータも使用されるようになってきている．むしろメタデータといえばネットワーク情報資源に関するものであることが多い．

膨大な量の情報資源を効率的に管理し検索できるようにするために，メタデータは不可欠である．例えば，異なる種類のデータを統合的に扱う場合や，複数のデータベースを同時に検索する場合など，メタデータを有効に使う場面は多い．

このような形で図書館間やオンライン上でのデータをやり取りする都合上，メタデータの定義や要素の形式，書き方などは共通化されている方が便利である．そのような目的のために作成される標準化されたメタデータの枠組みを，メタデータ・スキーマと呼ぶ．メタデータ・スキーマの種類として，ダブリンコア，MARCXML[1]，RDF[2] などがある．

ダブリンコアは，「タイトル」，「作成者」をはじめとする 15 の基本記述要素（＝プロパティ，表 13-1）によって構成されており，同定識別のための要素は簡素化[3]されている．メタデータ・スキーマの中では汎用性が高く，作業コストも低い．他のメタデータ・スキーマに依拠して作成されたメタデータをダブリンコアに変換するのも比較的容易である．よって，Web 上でのやり取りを前提とした情報資源の組織化の用途に向いている．

---

[1] 「マークエックスエムエル」と読む．ダブリンコアが Web 上の情報資源などの簡略な記述に適しているのに対して，MARCXML は MARC21 データを XML で完全に表現できるため，図書館情報資源の詳細な書誌情報の記述に適している．

[2] トリプル（triple）と呼ばれる三つの要素，主語（subject），述語（predicate），目的語（object）の関係で表現される形式のメタデータ．ただし，自然言語の文法と表現が異なる部分もある．W3C 勧告に基づいて標準化され，現在では Web ページの更新情報を配信する RSS の原型となっている．

[3] 記入が必須な要素を定めていないという柔軟性がある一方で，拡張子を用いてより細分化することも可能である．ただし，拡張子を用いる場合は，記述に矛盾が発生しないように細かいルール（ダム・ダウン原則）に縛られることになる．

表13-1　ダブリンコアの基本となる基本記述要素（プロパティ）

要素名	要素の英語表記	定義
タイトル	title	データの名前
作成者	creator	データ作成の責任者
主題	subject	データ内容のトピック
内容記述	description	データの内容説明
公開者	publisher	データ公開の責任者
寄与者	contributor	データに関与した主体
日付	date	データのライフサイクルに関する日付
資源タイプ	type	データの性質，ジャンル
形式	format	データの形態，サイズ
資源識別子	identifier	あるコンテクストにおけるデータへの参照
出処	source	データの作られる源への参照
言語	language	データを記述している言語
関係	relation	関連データへの参照
範囲	coverage	データの時間的・空間的範囲
権利	rights	データの権利に関する情報

13.5　Webの組織化

Web情報資源の数は日々増大している．Web情報資源を組織化することは，こうした情報洪水に対処するために非常に重要である．この要望に応えるものがサーチエンジン，サブジェクトゲートウェイ，ウェブアーカイブである．

(1) サーチエンジン

サーチエンジンは日本語で検索エンジンとも訳される．質問ボックスに用語を入力して検索すれば，自動的に最も関連すると判定されたものから順に検索結果として表示される．アクセスしたいWebページを素早く見つけ出す際にサーチエンジンは役立つ[4]．

GoogleやYahoo! JAPANなど有名なサーチエンジンは無料で提供されている．

---

[4] Googleではページランク（PageRank）と呼ばれる方法で自動的に最適化されている．ページランクとは，被リンク数の多さや他の重要度の高いサイトにリンクされているサイトほど重要度が高いと計算する手法である．マーケティング上では，ページランクのメカニズムを逆用してより上位の検索結果に表示されるようにサイトを運用することが重要といわれる．

図 13-2　GACoS のトップページ画面

有料で提供される商用データベースも Web ページからログインして利用でき
るものが多いため，お気に入りに入れていない限りは，サーチエンジンを用い
てアクセスすることが多い.

　通常のサーチエンジンで検索できる Web ページを表層 Web と呼び，検索で
きない Web ページを深層 Web という．深層 Web はクローラ（自動探索プログ
ラム）が拾えないページであり，商用データベースの内部をはじめ，パスワー
ドで保護されたページや Javascript などが用いられているためにリンクをたど
れないページ，イントラネットと呼ばれる企業内でのみ扱うことが可能なペー
ジなどがある[5].

(2)　サブジェクトゲートウェイ

　サブジェクトゲートウェイは，基本的には学術的な情報を対象にしたリンク
集として公開されている．学術的な情報は信頼性，有用性が高いものの代表で
あり，オンライン上でもデータベースとしてまとめておくことへの需要は高
い．日本では東京大学情報システム部情報基盤課が運用する GACoS（Gateway
to Academic Contents System）が代表例である（図 13-2）.
　サブジェクトゲートウェイはサーチエンジンと機能や使い方がよく似ている

---

[5]　深層 Web の中には，非合法的活動を行うために，技術的に匿名なままで運用できるネッ
　　トワークでのみアクセス可能なダークウェブと呼ばれるものも存在する.

146

図 13-3　Wayback Machine のトップページ画面

が，異なる点もある．基本的にサーチエンジンは情報を自動的に収集するものであるのに対して，サブジェクトゲートウェイはデータベースの構築が人手によってなされている．そのため，扱う情報資源の内容についての専門家が協力することが不可欠である．

(3) ウェブアーカイブ

　ウェブアーカイブとは，Web ページを対象に保存を行う活動・サービスである．Web ページは頻繁に更新がなされたり，削除されたりする．また，サーバ提供元のサービス終了などによって消えたりすることがよく起こる．ウェブアーカイブは，消えてしまった Web ページの内容を再び見たいという要望に応えるために，様々な Web ページを永久に保存することを目的としている．

　最も網羅的な活動を行っているのは，米国の NPO である The Internet Archive が運営する「Wayback Machine」である（図 13-3）．1996 年のサービス開始以来，日本を含む世界各国のページを自動で保存している他，ユーザ主導で保存することも可能である．ただし，あくまで URL ごとに保存をしているため，Web ページの入口が保存されていてもその次のメインページが保存されていない，といったこともありうる．

　日本では国立国会図書館が運営するインターネット収集保存事業「WARP」

図13-4　WARP のトップページ画面

（Web Archiving Project）（図 13-4）があり，政府，地方公共団体，大学などの
2002 年以降の Web ページを対象に保存している．

13.6　利用者によるタグ付けの効用

　フォークソノミーとは，Web 上の情報資源を提供している運営者だけでなく，
それを利用する一般の人々が，分類・検索のためのタグ付けを行うことである．
参加型ウェブとしての特徴をもつ．
　具体的には画像や動画，テキストデータなどで表現されるウェブコンテンツ
を共有する Web ページ上のサービスにおいて，そのウェブコンテンツの中身
を端的に表現するキーワードを索引語として付与するという形で行われる．こ
のことにより，同じ語を付与されたコンテンツだけを集めることが容易になる．
基本的には自由語が索引語として使われるためにノイズは発生しやすいものの，

148

新たな価値を創造していくという側面がある.

　動画コンテンツを利用者がアップロードすることを中心としたニコニコ動画や，イラストや小説を中心とした Pixiv，写真や動画を対象とした共有用の SNS である Instagram などでフォークソノミーは行われている.

参考文献

1．今田敬子．看護図書館．カレントアウェアネス．2008，(295)，CA1660，p.38-44.

2．上田修一，蟹瀬智弘．RDA 入門：目録規則の新たな展開．日本図書館協会，2014

3．国立情報学研究所．"NII 教育研修事業：NACSIS-CAT/ILL テキスト教材"．https://www.nii.ac.jp/hrd/ja/product/cat/text_index.html，(2019 年 12 月 25 日参照)

4．小陳左和子．大学図書館の「連携・協力」．情報の科学と技術．2016，66 巻，2 号，p.60-66.

5．これからの学術情報システム構築検討委員会．"これからの学術情報システムの在り方について（2019）"．https://www.nii.ac.jp/content/korekara/archive/korekara_doc20190215.pdf，(2020 年 2 月 1 日参照)

6．今まど子，小山憲司．図書館情報学基礎資料．第 2 版，樹村房，2019

7．志保田務．情報資源組織論：よりよい情報アクセスを支える技とシステム．第 2 版，ミネルヴァ書房，2016

8．志保田務，高鷲忠美．情報資源組織法．第 2 版，第一法規，2016

9．全国公共図書館協議会編．公立図書館における地域資料サービスに関する実態調査報告書．全国公共図書館協議会，2017

10．田窪直規．情報資源組織論．改訂，樹村房，2016

11．竹内悊著．生きるための図書館：一人ひとりのために．岩波書店，2019，（岩波新書，新赤版 1783）

12．竹之内禎，長谷川昭子，西田洋平，田島知宏．情報資源組織演習：情報メディアへのアクセスの仕組みをつくる．講座・図書館情報学 11．ミネルヴァ書房，2016

13．佃一可．図書・図書館史．樹村房，2014

14．図書館用語辞典編集委員会．最新図書館用語大辞典．柏書房，2004

15．図書館情報学ハンドブック編集委員会編．図書館情報学ハンドブック．第 2 版，丸善，1999

16．那須雅熙．情報資源組織論及び演習．第 2 版，学文社，2016，（ライブラリー図書館情報学，9）

17．日本看護協会看護教育研究センター図書館編．日本看護協会看護学図書分類．第 2 版，日本看護協会，2006

18．日本図書館協会ハンドブック編集委員会編．図書館ハンドブック．第 6 版補訂 2 版，日本図書館協会，2016

19．日本図書館協会目録委員会．日本目録規則 1987 年版改訂 3 版．日本図書館協会，2006

20．日本図書館情報学会用語辞典編纂委員会．図書館情報学用語辞典．第 4 版，丸善出版，2013

21．日本図書館協会分類委員会．日本十進分類法新訂 10 版．日本図書館協会，2014

22．日本図書館研究会．図書館資料の目録と分類．増訂第 5 版，日本図書館研究会，2015

23．日本図書館情報学会研究委員会．メタデータとウェブサービス．勉誠出版，2016

24．日本図書館協会目録委員会．日本目録規則 2018 年版．日本図書館協会，2018

25．日本図書館協会目録委員会．"日本目録規則（NCR）2018 年版関連情報"．https://www.jla.or.jp/committees/mokuroku/tabid/643/Default.aspx（2020 年 2 月 1 日参照）

26．日本図書館協会目録委員会．"日本目録規則 2018 年版（PDF 版）"．2018．http://www.

jla.or.jp/mokuroku/ncr2018,（2020 年 2 月 1 日参照）

27. 蛭田廣一. 地域資料サービスの実践. 日本図書館協会, 2019,（JLA 図書館実践シリーズ, 41）

28. 前川恒雄, 石井敦著. 図書館の発見. 新版, 日本放送出版協会, 2006,（NHK ブックス, 1050）

29. 宮澤彰. 図書館ネットワーク : 書誌ユーティリティの世界. 丸善, 2002,（情報学シリーズ, 5）

30. 文字活字文化推進機構. "公共図書館プロジェクト" http://www.mojikatsuji.or.jp/policy/2019/06/27/3376/（2020 年 2 月 1 日参照）

31. 渡邊隆弘. 『日本目録規則 2018 年版』のはじまり : 実装に向けて. カレントアウェアネス. 2019,（340), CA1951, p. 12-14.

32. 和中幹雄. 目録に関わる原則と概念モデル策定の動向. カレントアウェアネス. 2010,（303), CA1713, p. 23-27.

33. 和中幹雄. IFLA Library Reference Model の概要. カレントアウェアネス. 2018,（335), CA1923, p. 27-31.

34. Tillett, Barbara B., Library of Congress. RDA : 資源の記述とアクセス : 理念と実践. 樹村房, 2014

索引

執筆者紹介

山口　洋（やまぐち　ひろし）第 1 章，第 5 章（5.4，5.6），第 6 章（6.1，6.4，6.6），第 7 章（7.7），第 8 章（8.4），第 9 章（9.1），第 10 章（10.1），第 11 章（11.5），第 12 章（12.1〜12.3），第 13 章（13.1）
　　（後掲）

西田　洋平（にしだ　ようへい）第 2 章，第 8 章（8.1），第 11 章（11.1）
　　（後掲）

竹之内　明子（たけのうち　あきこ）第 3 章（3.1，3.2）
　　鶴見大学ほか非常勤講師．『情報サービス論』（共著，学文社，2013）ほか．

竹之内　禎（たけのうち　ただし）第 3 章（3.3），第 4 章（4.1），第 5 章（5.2，5.3），第 6 章（6.3），第 8 章（8.3）
　　（後掲）

長谷川　幸代（はせがわ　ゆきよ）第 4 章（4.2〜4.5）
　　跡見学園女子大学文学部専任講師．『情報サービス論：情報と人びとをつなぐ図書館員の専門性』（共著，ミネルヴァ書房，2018）ほか．

池田　美千絵（いけだ　みちえ）第 5 章（5.1，5.5），第 6 章（6.2，6.5），第 8 章（8.2）
　　昭和女子大学現代教養学科助教．「1970~2000 年代初めの図書館学教育科目におけるコア・カリキュラムに関する一考察：館種別図書館職員養成の観点から」（『学苑』（940），2019）ほか．

下山　佳那子（しもやま　かなこ）第 7 章（7.1〜7.6）
　　八洲学園大学生涯学習学部准教授．『生涯学習概論：生涯学習社会の展望（新版）』（共著，理想社，2019）ほか．

永井　登志江（ながい　としえ）第 9 章（9.2），第 13 章（13.2，13.3）
　　新潟大学学術情報部学術情報サービス課医歯学図書館副課長．「日知録版本の調査」（『漢籍：整理と研究』16 号，2017）ほか．

高松　昌司（たかまつ　しょうじ）第 10 章（10.2〜10.4）
　　町田市立図書館中央図書館奉仕係レファレンス担当係長.「大規模市立図書館における選
　　書の実際：町田市立図書館の場合」（単著,『図書館雑誌』101（6）,2007）ほか.

浅見　佳子（あさみ　よしこ）第 11 章（11.3）
　　鎌倉市中央図書館館長補佐.相模女子大学非常勤講師.「ソーシャルメディア等を活用し
　　た情報発信の取り組みを考える」（単著,『年報こどもの図書館 2012-2016:2017 年版』,日
　　本図書館協会,2018）ほか.

平原　渉太（ひらはら　しょうた）第 11 章（11.2）
　　青山学院横浜英和中学高等学校図書館勤務.「公立図書館のカフェスペース—行政財産の
　　利活用」（『現代の図書館』vol.56,no.4,2018）ほか.

園田　俊介（そのだ　しゅんすけ）第 11 章（11.4）
　　京都産業大学客員教授.立命館大学.愛知淑徳大学.愛知学泉短期大学非常勤講師.『図
　　書館情報資源概論』（共著,ミネルヴァ書房,2018）ほか.

小海　理恵（こうみ　りえ）第 12 章（12.4）
　　和光大学教育支援部キャリア支援室室長.「『1 年次教育における情報リテラシー教育』の
　　講習モデルを作成する」（共著,『私立大学図書館協会会報』（134）,私立大学図書館協会,
　　2010）.

松井　勇起（まつい　ゆうき）第 13 章（13.4〜13.6）
　　和光大学ほか非常勤講師.『情報サービス論：情報と人びとをつなぐ図書館員の専門性』
　　（共著,ミネルヴァ書房,2018）ほか.

編著者紹介

竹之内　禎（たけのうち　ただし）
　図書館情報大学大学院情報メディア研究科博士後期課程修了．東京大学大学院情報学環特任講師等を経て，東海大学ティーチングクオリフィケーションセンター准教授．『情報倫理の挑戦―「生きる意味」へのアプローチ』（共編著，学文社，2015），『情報資源組織演習：情報メディアへのアクセスの仕組みをつくる』（共編著，ミネルヴァ書房，2016）ほか．

山口　洋（やまぐち　ひろし）
　中央大学大学院文学研究科博士後期課程満期退学．中央大学図書館勤務，東洋文庫奨励研究員等を経て，中央大学，法政大学，東海大学ほか非常勤講師．『資料分類法及び演習 第2版』（共著，樹村房，1999），「公立図書館の図書館協議会における諸問題：近年の図書館協議会調査を通して」（『中央大学文学部紀要』no.273，2018）ほか．

西田　洋平（にしだ　ようへい）
　東京大学大学院学際情報学府博士課程単位取得退学．早稲田大学非常勤講師等を経て，東海大学ティーチングクオリフィケーションセンター専任講師．『基礎情報学のヴァイアビリティ』（共著，東京大学出版会，2014），『AI時代の「自律性」：未来の礎となる概念を再構築する』（共著，勁草書房，2019）ほか．

情報資源組織論
（じょうほうしげんそしきろん）

2020年3月26日　　第1版第1刷発行
2023年2月25日　　第1版第4刷発行

編著者　　竹之内　禎・山口　洋・西田洋平
発行者　　村田信一
発行所　　東海大学出版部
　　　　　〒259-1292 神奈川県平塚市北金目4-1-1
　　　　　TEL 0463-58-7811　振替　00100-5-46614
　　　　　URL https://www.u-tokai.ac.jp/network/publishing-department/
印刷所　　港北メディアサービス株式会社
製本所　　誠製本株式会社

© Tadashi Takenouchi, Hiroshi Yamaguchi and Yohei Nishida, 2020　ISBN978-4-486-02188-9